失落的日本制造

繁荣、衰落、自救与未来

[日] 小林延行 —— 著

王鹤 —— 译

红旗出版社

シン・メイド・イン・ジャパン（小林延行）
SHIN MADE IN JAPAN
Copyright © 2022 by SECLO. CO., LTD
Original Japanese edition published by Discover 21, Inc., Tokyo, Japan
Simplified Chinese edition published by arrangement with Discover 21, Inc.
浙江省版权局著作权合同登记号　图字：11-2024-324号

图书在版编目（CIP）数据

失落的日本制造：繁荣、衰落、自救与未来 /（日）小林延行著；王鹤译. -- 北京：红旗出版社，2024.
9. -- ISBN 978-7-5051-5427-8

Ⅰ. F431.39

中国国家版本馆CIP数据核字第2024YS4460号

书　　名	失落的日本制造：繁荣、衰落、自救与未来		
作　　者	［日］小林延行		
译　　者	王　鹤		
责任编辑	徐娅敏	责任印务	金　硕
责任校对	郑梦祎	装帧设计	卓义云天
出版发行	红旗出版社		
地　　址	北京市沙滩北街2号	邮政编码	100727
	杭州市体育场路178号	邮政编码	310039
编 辑 部	0571-85310467	发 行 部	0571-85311330
E - mail	359489398@qq.com		
法律顾问	北京盈科（杭州）律师事务所	钱　航　董　晓	
图文排版	杭州林智广告有限公司		
印　　刷	杭州钱江彩色印务有限公司		
开　　本	880毫米×1230毫米　1/32		
字　　数	140千字	印　张	7.5
版　　次	2024年9月第1版	印　次	2024年9月第1次印刷
ISBN 978-7-5051-5427-8		定　价	62.00元

如有印刷、装订质量问题，请致电010-87681002（免费更换，邮寄到付）
版权所有，侵权必究

前 言

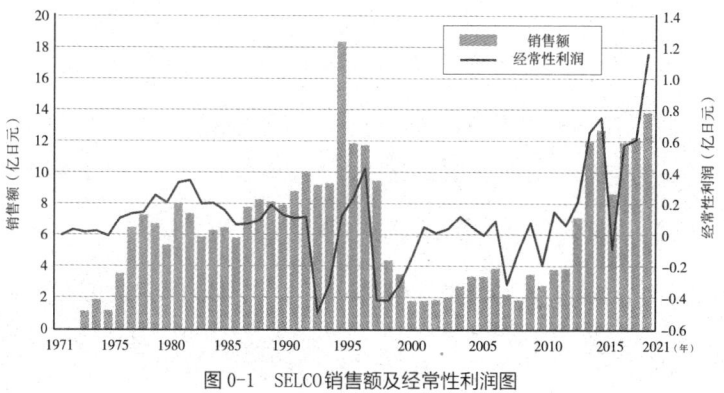

图 0-1　SELCO销售额及经常性利润图

这张图表描绘了我们公司作为日本长野县的中小零部件制造企业在迷茫混沌中历尽万难寻找出路的曲折历史。

本书将会通过这张图来分析日本中小微企业所面临的各种问题，并探索日本制造业的希望之路。

/ 失落的日本制造：繁荣、衰落、自救与未来 /

如今回想起来，我们公司数年间营业额与利润的增长，有很多都源于突发的灵感。

自创业以来，我们公司就是典型的下包[1]代工工厂。自日本泡沫经济崩溃后，我们一下子失去了主营业务，企业经营也陷入黑暗之中。

但在那以后，虽说几经波折，我们公司还是想尽办法从深渊底部逃生。现在营业额已经恢复以前的状态，利润率也有所改善。

我的公司是线圈绕组制造公司。所谓线圈绕组制造，就是指将电线缠绕起来的单纯作业。虽然说线圈绕组在家用电器、机动车、机械装置、精密仪器等制造业中被广泛应用，也可以被称为一种电子零件，但却基本上是不为人知的"无名英雄"。

此外，线圈绕组也是低收入、高人工成本的下包代工业务中极具代表性的一种。因此，在泡沫经济崩溃后，日本的这一产业紧随纺织产业转移到了海外工厂。

---

1 下包：是一种日本独有的组织关系，与外包类似，但下包公司与发包的母公司关系更为密切，对母公司依附性更强。正常情况下，发包的母公司为下包公司提供长期、稳定的订单，下包公司只服务一家母公司（也有服务两三家的情况），保证母公司交付的任务保质、保量、按时完成。所以正文中母公司停止派单后，作者的公司突然陷入绝境。

/ 前言 /

距今 30 年前，作为我们老主顾的发包母公司采购负责人对当时还是管理部部长的我说："虽然这样说很抱歉，但贵司要破产了。"

这是在日本泡沫经济崩溃后，制造业决定向海外转移时发生的事。

当时，单靠发包企业下包业务生存的公司，真可以说穷途末路，眼前一黑了。好在那时有如神助般，我们公司拿到了海外的订单，这才苟延残喘了下来。

6 年后，这来自海外的订单也突然不再续签，我们再次陷入了不知如何是好的绝境。

是选择注销公司，还是再搏一搏？我们公司最终选择了后者。我作为管理部部长在主导了大规模的裁员后，成了公司的社长。

但即便当上了社长，我也还是一筹莫展。

沉浸于下包代工工厂面临绝境的悲伤中，无所作为地干等着订单上门，结果订单量变得更少了。当我意识到这一点时，资金已经见底了。正觉得撑不下去的时候，我参加了一个自我启蒙的学习班。

在那里，我深刻地反省了自己"作为社长至今到底有何作为"，与此同时，我灵光乍现，产生了一个想法：

"在日本确实没有以前那么多订单可以接了，但利用现有的人员，起码还可以接一些试作业务、量少品类多的业务，这样至少可以维持企业正常运营吧，没错，关键是要去推销！现在就去到处找订单吧！"

从那以后，我们公司踏上了重生的道路。

无论是多小的订单，我们都努力争取，就算是不赚钱，或是其他竞争对手不愿接手的困难工作我们也努力应承。就这样积累了数年技术与经验后，我们公司开发出了"高密度线圈"这一旗舰产品。

此后，雷曼事件、日本"3·11"大地震、新冠疫情等大事件都给日本制造业带来了巨大的影响。而随着技术不断革新，各种产品的制造方案也在不断变化。万幸的是，对高性能线圈的需求一直有增无减，我们公司的业绩才能呈现出开篇图表所示的景象。

其中最大的转机，则是开展高密度线圈业务的十几年后，全球的机动车市场开始从汽油驱动转向电力驱动。我会在后面的文章中详谈此事，现在，只能说我们目前的交易对象不仅仅有机动车行业的，还有其他各个行业的大型厂商。

以"灵光乍现"为契机上演复活剧，可不是只有我或者我的公司才能办到的事。无论是怎样的小公司，都有可能实现"挽狂澜于既倒，扶大厦之将倾"，因为日本的中小微企业都各有各的待开发潜能。

/ 前言 /

如今能够存活的企业应该都有着不同于其他公司的秘技，或是类似工匠技艺的那种独门技能。只要能注意到这些特质，并加以研究，公司的未来必会大有不同。至于说通过"灵光乍现"带来革新，不仅制造业办得到，其他各行各业也都可以效仿。

有资料显示，日本99.7%的企业都是中小微企业。

由此看来，日本的经济并不是以大企业为支撑，而是以我们这些中小微企业为支撑。

曾经的日本，也有过沐浴在全世界艳羡目光中的时刻。但那以后过了30多年，其声望日渐式微，在世界中的存在感也日渐微弱。极端地说，我甚至认为"Made in Japan"已经在这30年间消亡了。

我想要究其根本，在这令人眼花缭乱的时代，特别是在数字化转型时代、纯电动汽车革命时代中找到存活之路。

就结果来说，我认为所有的中小微企业都应该胸怀大志，坚持向前，以日本企业在制造业中应有的姿态（SHIN·日本制造[1]），向世界展现新的制造业典范。

---

[1] SHIN·日本制造："SHIN"在日语里既可以写成汉字"真"，也可以写成"新"。纵观整部作品，作者所期待的日本制造既是"真·日本制造"，也是"新·日本制造"，所以他在原文中始终只用发音来表示这个词，即不仅代表汉字的"真"或"新"，也代表英语的 "new"，可以说是作者的双关语。所以译文沿用原文的SHIN。

| 目 录 |

第一章 日本制造业的现状

30年来，日本制造业一直处于低迷状态 / 3

日本制造已经无法挽回了吗？ / 8

30年来，转移到海外的日本品牌的生产情况 / 10

中小微制造企业挑起了
"Made in Japan"的大梁 / 14

然而，"Made in Japan"去向了何方？ / 18

日本的品牌应该更关注本土制造？ / 20

关于中国制造 / 23

日本的半导体制造为什么衰退了？ / 24

第二章　所谓的"SHIN·日本制造"是什么

丰田知道答案？ / 29

丰田的同步工程管理 / 31

小松之道 / 33

其他产业的思考方式如出一辙 / 36

零部件应该在日本开发、制造 / 37

日本品牌，请回归原点！ / 40

从电动汽车看日本制造的优势 / 42

学习欧洲对"物"的思考方式 / 43

为什么不在日本生产智能手机和电脑？ / 45

你有饥饿精神吗？ / 47

照亮中小微企业未来的半导体市场 / 48

促进制造业回归日本，不能一味等待 / 50

"SHIN·日本制造"的定义 / 51

第三章　从地狱深处生还：
　　　　为什么SELCO能够死而复生

SELCO这家公司 / 55

如何在风浪中存活？ / 57

要关门大吉吗？ / 61

/ 目录 /

下包习性的悲哀：一味等待 / 65

当时的我 / 67

缺啥不能缺朋友 / 69

在学习班意识到的 / 70

最初的推销 / 74

"及时雨"总会到来 / 76

SELCO的PR战略 / 77

知晓自家公司的长处，掌握独一无二的技术 / 81

从"灵光乍现"到"大订单" / 86

智能仪表：社会基建项目的订单 / 89

冒险革新 / 91

客户需求是发明之母 / 92

SELCO的外部生产战略——无产线化？ / 94

增加客户，分散风险 / 96

杜绝强行推销 / 97

赋予海外生产日本制造之魂 / 100

与供应厂商之间的信赖关系 / 102

第四章　将EV时代变成新的机遇

趁一切都还来得及 / 105

各国的情况 / 106

现在的电池 / 108

全固态电池的情况 / 110

无接触式充电 / 111

日本主要厂商的动向 / 113

电动汽车的普及会导致四成零部件淘汰 / 115

自动驾驶的现状 / 116

最重要的是未雨绸缪 / 118

第五章　中小微企业生存大作战

小才能生存下去？ / 123

中小微企业要瞄准缝隙市场、利基市场、稀缺市场 / 125

中小微企业永远也赶不上大厂商的是

——"唉，就这样吧" / 127

与大企业的战斗 / 129

自己的技术要由自己来守护 / 131

专利的限制 / 133

把专利当成营销的工具 / 135

政府的生产效率化走错了方向？ / 136

《下町火箭》的世界 / 138

小公司要有凭一己之力打破现状的精神 / 143

勤勉、正直、诚实 / 145

大企业的4M变更 / 146

如何找到适合自己公司的"灵光乍现" / 150

从"灵光乍现"到商业化的实例 / 153

第六章 "SHIN·日本制造"的课题与理想

使小镇工厂发生飞跃式变化的希望之星 / 161

工匠技艺的自动化 / 163

现在,正是建设智慧工厂的时机 / 167

以电子零部件的巨人村田制作所为例 / 169

成为日本的大型零部件制造商就是

我们的终极目标吗? / 172

如今,我们的目标是南信精机制作所 / 173

第七章 实现"SHIN·日本制造"
所必需的心理建设

向代表日本的经营者学习 / 181

积极地活着 / 183

价值观不要被制造业的常识所局限 / 185

大家的公司是什么样的形态 / 186

思维变更要从上至下 / 188

社长要成为超级后援 / 189

理想的社长与会长的关系 / 191

建立与社长的协作机制 / 193

第八章　信念与信赖

看不到希望也要"坚持前行"的勇气 / 197

遵守对自己的诺言 / 199

坚持正向思考 / 201

信赖 / 203

构筑信赖关系 / 210

关于早会 / 211

清晨的扫除、体操、相互问候 / 214

玻璃式经营与家族经营 / 217

SELCO日历 / 218

后　记 / **221**

第一章

日本制造业的现状

30年来，日本制造业一直处于低迷状态

现如今，稍微环顾一下世界就会发现，这是个GAFA、BAT[1]等IT企业崛起，占据企业榜首的时代。AI（Artificial Intelligence，人工智能）、IoT（Internet of Things，物联网）、DX（Digital Transformation，数字化转型）、ICT（Information and Communications Technology，信息与通信技术）……各种新鲜词充斥着我们的世界。

为了公司能重新站起来而四处奔波的这20年，世界发生了根本性的变化，突进到了一个完全无法预测未来走向的时代。

最近到处都在说日本的世界地位下降，特别是经济和技术方面的落后情况超乎想象。

"平成初期在世界企业排名中占据上位的日本，到了现在

---

[1] GAFA指谷歌（Google）、苹果（Apple）、脸书（Facebook，现在更名为Meta）、亚马逊（Amazon），BAT指百度（Baidu）、阿里巴巴（Alibaba）、腾讯（Tencent）。

已屈居人后。"

"日本的 GDP 在这 25 年来一直处于原地踏步的状态。"

"人均 GDP 在 30 年前世界第一,现在世界第三十。"

"长时间以来,人均产值毫无增长,不仅败给了欧美发达国家,也败给了新兴国家。"

诸如此类的评价很多。

不仅如此,日本的国家预算大多拨给了社会保险领域(养老金、保险等),而对于能产生经济效益的新兴产业却几乎毫无资金扶持。此外,在科学技术领域也与美国、中国拉开了极大差距。有个令人震惊的事实是,2021 年获得诺贝尔物理学奖的真锅淑郎其实是美国国籍。

有一本由"Veglia 实验室"公司法人代表筒见宪三编写、名为《数据驱动脱碳经营》(幻冬舍出版)的书,其中提道:如今日本的低迷主要是如下三个原因导致的。

其一,"在泡沫经济崩溃后,日本企业没能跟上始于 20 世纪 90 年代中期的 IT 革命,没能培育出如美国的 GAFA、中国的 BAT 那种基于互联网环境而产生的新型商业模式——庞大的互联网平台"。

我认为这一点他说得非常正确。

不过，仔细想想，美国有适合创业的土壤，也汇集了很多愿意给创业者投资的风险投资商。

加利福尼亚州的硅谷汇聚了大批的IT企业和金融基金，并将世界各地的优秀技术人才汇集于此，发展出了IT企业巨头。

他们的系统在本国偌大的市场中快速成熟的同时，也着手在日本、欧洲各国进行扩张，占据市场份额。

而中国则具有本国市场庞大这一优势，其互联网业务做到了巨大化。

日本虽然也有像孙正义这样的超级商人出现，建立了软银这样的巨头，乐天也在日本国内搞得风生水起，但日本既没有美国那样的创业土壤，在风险投资方面也不太行，所以很难聚集优秀的人才，如中国一般将企业做到更大。

到头来，IT企业巨头的源头都是他国，以日本为源头的一个也没有。

其二，"日本企业所擅长的，是优化输入端的制造流程，提高效率，并在人力成本方面雇佣派遣员工来取代正式员工，靠着诸如此类的努力才勉强维持了生产力。可是，输出端才是做生意的正道，在开发有魅力的新商品、新服务等能增加销量、利润、附加价值的工作上，日本企业行动相当迟缓。就结果而言，从微观经济来说无法增加GDP，可不就是劳动生产率低下吗？"

在创造新的附加价值这方面，的确如上所述。

原因之一是日本的大企业组织庞大、行事刻板僵化导致了决策迟缓。

常听人说中国的大企业，即便是很大的项目也会当机立断，迅速做出决策推进。在日本，只有创业者或者有着创业头脑的人担任经营者时，才能迅速决策，驾驭企业这艘船弄潮于时代。

除了决策快慢的问题，日本大企业还有着无法接受新事物的倾向，简直可以说是"新产品过敏"。反过来说，维持现状，满足于现状，保持这样就好，坚持传统比较好……这些极为保守的思维方式，才是将新事物拒之门外的要因。也是随着公司成长，挑战精神逐渐消亡的原因。而日本企业的特征是：即便明白这个道理，却还是无法改变。

不仅日本的 IT 行业如此，日本的制造业也是如此。这 10 年来基本再没出现过像 VCD、DVD、数码相机、液晶显示器这些由日本开发的大火特火的电子产品。

我认为其中一个很重要的原因是：日本不再大量生产商品。关于这一点，之后我会再详细论述。

关键在于接下来的这部分（其三）：

"'只要是高品质的好东西就会大卖'这种执着于制造本身的思维方式，限制了企业创造与时俱进的受顾客们青睐的新商品模式，必然会导致劳动生产率低下，降低企业的效益，也就必然会使企业丧失国际竞争力。"

过度关注制造本身而错过了新的时代潮流，这一观点我是赞同的。不过，我想要围绕日本的企业认为自己的产品"是高品质的好东西"这一点来谈一谈。

这才是与本书的一个重要主题——日本制造的品质——相关的问题。

毫无疑问，日本制造的汽车、机床、模具、测定仪等产品都在世界上有着不可忽视的地位。但在这里，我想要围绕以家电产品为中心的产业，特别是30年前被连根拔起，移植到海外的相关产业聊一聊。

这些转移到海外工厂的品牌厂商们，真的认为自家公司制造并销售的产品是高品质的吗？为什么30年前风靡全球的"Made in Japan"已无人提及，"日本产品"跌下神坛成了"产品"？

我认为这里潜藏着一个深刻而根本的"制造"问题。

对于《数据驱动脱碳经营》一书中"执着于制造本身的思维方式是败因"的这一说法，我持有相当大的疑问。

我认为事情与该书说法完全相反。

日本应该更加深入地执着于制造本身，不断地制造出世界上任何一个国家都无法模仿的产品才对。

如果日本在泡沫经济崩溃后，没有为了降低人工成本把生产业务转移到海外，而是维持住日本精良制作的体制，至少可以隔离赛道，形成精密度和重要度较高的产品找日本的情况。这样一来，电脑、智能机之类重要的产品制造就可能成为日本的订单了。

读到这里，认为"这难以想象"的各位，请思考一下"Made in Japan"消失的原因吧。

日本制造已经无法挽回了吗？

最近出版的书籍和网络上充斥着这样的言论："今后是DX、AI的时代。以日本制造为中心的时代已经过去了。"

可是，请各位好好想想：现实社会中，亚马逊、乐天这样的线上商业固然欣欣向荣，涵盖范围也很广，但电商销售产品、物流使用车辆、商品收取派送等一系列行为，都存在于线下真实的世界。

只要真实的世界还存在，制造业就不会成为过去。

那么，今后的世界里，日本制造会被世界所遗忘吗？

我认为不会这样。

诚然，中国先进的品牌厂商通过认真学习与收购其他品牌，培养技术人员，使用最先进生产机器、工作设备、工业机器人、测定仪等。在科学技术领域的研究开发、专利获取等方面，中国已与美国相当，甚至在某些研究领域超过美国。

可日本制造也在不断进化发展，日本的零部件制造商提供了智能手机的重要零部件。

比如索尼那号称"性能在全世界傲视群雄"的图像传感器。有了将高分辨率、高感度的庞大的数据瞬间传送的高速读取功能，智能手机的照相功能变得更加强大，才在这个时代取代了一般相机的地位。

发那科为了制造 iPhone 框体而开发的超低价小型切削加工机（Robodrill）也非常有名。此外，京瓷、东电化、日本电产、日东电工、村田制作所、阿尔卑斯阿尔派、太阳诱电、罗姆半导体等，这些零部件制造商都完成了各种进化，从而提高了营业额。

今后就是 EV（Electric Vehicle，电动汽车）、机器人的时代了，能够实现超高性能、超高精度的技术能力尤为必要。

在受成本制约的常规产品赛道上，日本企业由于一些欠缺或许难以战胜海外更强劲的竞争者。但在受超高性能、超高精度的核心技术制约的产品赛道上，日本的企业仍然可以搏一搏。

不过，重要的是要由我们这些日本的中小微制造企业来制造实现相关技术的基本零部件。

30年来，转移到海外的日本品牌的生产情况

泡沫经济崩溃后，日本的服装产业和家电产业相继出走到制造成本相对低廉的国家，因为在那里，这些产业能够以更低廉的原材料、劳动力成本制造出产品。当时奔赴国外的从事制造、采购相关工作的负责人，以及做出如此决策的经营者恐怕都是这么想的："之前长年采用日本中小下包公司供应零部件的方法，是多么浪费啊！"

这种"不劳而获"的状态带给品牌厂商们一种在未开拓的年代随手挖出大量金银财宝的淘金者一般的心情。

出海的各个品牌厂商雇佣廉价劳动力，建起本公司的生产线，恐怕是想要将以往派单给下包公司的零部件尽量都转为本公司制造。

他们心里恐怕是这么盘算的：零部件全都由本公司制造，一定可以生产出质量和品质和以往一样的产品吧。

然而，那就是"Made in Japan"衰败的开始。

/ 第一章　日本制造业的现状 /

日本享誉世界的制造精神就是从那时开始崩溃的。

聊聊我所知道的事实吧。

之前一直将线圈制造派单给我们的品牌厂商，在业务转移到马来西亚的柔佛州之后，购入了数台和我们公司里一样的全自动绕线机。

后来我偶然得到了一个去拜访那边工厂的机会，发现被称为"喷嘴"的一种制造线圈所需的引导零部件在那家工厂频繁地发生扭曲变形的情况，每个月都要更换几十根。

"喷嘴"是为了将线圈均匀缠绕所需的最重要的零件。

通常，这种自动绕线机可以一次性绕好12个线圈，但要将12个喷嘴一丝不差地设置在线圈卷轴的上方，设置位置的精度决定了线圈绕线的精度，即决定了线圈能否一丝不乱地均匀缠绕。

我们公司也使用这种12轴的绕线机来生产线圈，喷嘴的位置设置得稍有差错就会打破线圈的平衡，从而无法生产出符合尺寸、特性要求的产品。

当时，这种喷嘴的成本为每根8000日元左右，为了制造单品加工费不过4～5日元的产品，1个月只要损坏1～2根这样的喷嘴，就会入不敷出了。

若是每个月有几十根喷嘴扭曲变形，是不可能造出能媲美我们公司产品品质的线圈的。PPM管理（即100万个产品之中，

11

不合格品不超过 1 个的品质目标）更是想都别想。

如果像这样与以前的品质截然不同的零件能通过品牌厂商的质检流程，像以前一样在市场上流通的话，那这种产品与之前的品质差异可谓一目了然，恐怕也不能称之为"Made in Japan"或"日本品质"了。

还有一个事例，有家在泰国拥有工厂的品牌厂商向我们下了相机零部件相关的订单，按照要求，要设计一种线圈，让它完成这个部件中原本由两个线圈完成的工作。这可是跨时代的装置，所以我们满怀期待地在本公司的海外工厂立了项。

这个产品的线圈需要使用直径 0.03 毫米的极细线来制造，如果处理不小心，电线很容易被折断。

虽然线圈本身是由海外工厂直接发送到泰国，但可能是由于组装方法不得当，每个月都会产生百分之几十的不合格品。

如果生产过程中出现不合格品，那终端用户手中必然也会出现一定量的不合格品。

如果快要断掉的线圈也能通过检查顺利出货，那客户投诉想必会源源不断吧。

对于我们公司来说，对方购买的线圈数量多于最初的计划，提升了我们的销售额，自然应该感到开心。可是，我们提供的品质完好的线圈被大量浪费终究不是一件好事。

第一章 日本制造业的现状

"需要我们帮忙吗?"曾经,我们也向这个项目的日本采购负责人表达了想要帮忙改善品质的意愿,但泰国是泰国,日本是日本,似乎日本方面也很难插手泰国厂商的事情。后来,这个项目由于产品不合格率偏高而陷入困境,不过两年左右就失败了。

我还曾造访过另一家日本著名家电品牌的泰国工厂,当时可真是让我感到震惊。

那是一道需要3名工人共同作业的工序,但当时我就意识到,只要做一些简单的夹具,这道工序完全可以由1名工人来完成。

可是当时似乎完全没人在工作合理化、效率化方面进行改良。

除此以外,品牌厂商在出海制造时还会发生下面这样的事。

我们公司曾经设计制造了一批夹具分发给临时工,让他们在公司内部用自动机组合加工。当时的发包企业可能觉得这个方法挺好,就把这种夹具和制造方案一起带到了海外。我们公司也觉得这项业务还是当地处理比较好,就把制造方法和相关技巧都带过去了。

然而,那家海外工厂真能做出符合公司品质要求的产品吗?

13

我认为，日本产品制造的技巧毫无疑问掌握在我们中小微企业手中。

但是，就算中小微企业把各种制造技巧都带往国外，产生技巧的思想、精确扎实的制造本质却难以被模仿。这一点，希望大家能够明白。

中小微制造企业挑起了"Made in Japan"的大梁

前述情况虽然只是我所知道的案例的一部分，但恐怕出海的多数品牌厂商都存在这样的情况。

品牌厂商是甲方，比我们下包公司的地位高。所以理所当然地认为自己在制造方面的水平比我们更高，但我不这么认为。

当时的日本，是由中小微制造企业制造出精确度出类拔萃的零部件，再发送给品牌厂商组装的。品牌厂商们据此生产的品牌产品才被称为"Made in Japan"。

那时候的品牌厂商接连不断地开发出富有魅力的产品，并将大多数相关零部件的制造工作都派单给了日本的中小微下包公司，从而获取了在严格的品控下，以低廉的成本制造出的毫

/ 第一章　日本制造业的现状 /

无差错的零部件。

现如今，没有全部转移到海外而是在日本保留了制造体系的行业，如汽车、精密仪器、机床等，这些行业使用的大量零部件，仍然由我们这些中小微制造企业提供。

日本制造业的核心，说是我们中小微制造企业一点也不为过。虽说"Made in Japan"是"授予日本各个品牌的荣誉"，但持续提供高精度零部件的中小微制造企业才是真正的幕后英雄。

话虽如此，实际上，我们中小微制造企业却遭受了大量派单骤然停止的剧烈打击，经受了倒闭、破产、业务缩水等困难。

在这里，我想跟大家聊聊"Made in Japan"这曾经风靡世界的"制造力"的源泉。

日本在二战后的高度发展期，形成了以大企业（核心企业）为中心，下包企业层层环绕的结构。从一次下包开始，到二次、三次、四次下包……下包公司层层分包，最后甚至连接到家庭兼职。

当然，越往下分包，接单单位的成本就越低廉，生产车间和设备也就越简陋。

乍一看，这样的作业方式是不规范的，大品牌厂商恐怕

15

会认为这种作业方式会产生大量的不合格品。但实际上正是像这样的下包公司和制造体制支撑起了日本品质即"Made in Japan"。

泡沫经济崩溃前，我们公司属于二次下包公司，分包母公司对我们的要求十分严格，近乎"PPM管理"100万个制品中不合格品不得超过1个的要求。

当然，由于成本原因，我们一直处于一个"半死不活"的状态，就像各位在前言图表中所见的那样，通常利润率在3%左右，最多不过5%。

这种分包模式的优势在于，当我们陷于困境时，分包母公司会给我们增加单量，也会融资给我们周转，同时还会对我们进行品质管理方面的指导。总而言之，就像亲子关系那样作为"母公司"给予我们照顾。

但对品质、交期，分包母公司会非常严格。每个月都会召开品质会议，在所有下包公司面前公布本月合格率最低的下包公司的名字。为了避免遭受这种羞辱，将品质保持在事前决定好的范围内成了理所当然的管理目标。

这种做法，在海外通常被称为"品质过剩"。但只有这种被认为是过剩的品质，才能够使产品的品质长期保持稳定，是日本得意的"磨合技术"的命门。

所谓磨合技术，是指"通过对构成产品的零件、材料进行微调整，完美展现产品性能"，磨合技术是日本的强项，也是日本产品品质优良不易损坏的主要原因。

当时的各大品牌厂商靠着优秀的设计、严格的品质体系（TQC，Total Quality Control），自上而下集合了几百家、几千家公司的优秀零部件，再组装出库。

除了这种自上而下铺开的品质控制管理制度，还有各家公司为了按期缴纳高品质零部件而绞尽脑汁优化生产流程的努力，和长期脚踏实地的工作精神。

这些公司的员工对品质的意识，对公司的归属感，都很强。他们不仅对自己的工作非常认真，对他人的不合格品也绝不放过。

之前，有个大型品牌厂商的人曾这样强调在海外开厂的优势："每三年就可以更换一批从小地方出来打工的工人，可以一直聘用年轻的工人工作……"但在我们这些专注制造的人看来，这可真是胡说八道。

因为经验是制造的命根子。

经验老到的优秀工人清楚地记得曾经出现过的问题，就能在产品的生产制造过程中提前发现情况，预防问题再度出现。

无论生产指南的小册子写得多好，都赶不上人类的感性和熟练度。

如果有品牌厂商认为，3年左右就替换掉刚开始熟稔自己的工作并建立起工作信心的工人是理所当然的，那他们可真是大错特错了。

在终身雇佣制下长期工作于同一家公司的日本人，齐心协力打造了高品质的产品，向世界发出了振聋发聩的声音，那就是我理解的日本被全世界所期待，被全世界所赞叹的"Made in Japan"的真实内在。

然而，"Made in Japan"去向了何方？

各品牌厂商在海外进行产品制造的结果，就是日本所夸耀的高品质产品即"Made in Japan"产品在这30年来逐渐销声匿迹。

让我们来看看最近日本品牌的产品吧。

算上小型电子相机和电子单反相机，我这10年来一共买了4台，结果全坏了。CD播放机也坏了4台。每一款电器我都用得很仔细。虽说根据传言，也有一些品牌为了让人早早更新换代买新品，故意把产品做成1年左右就会报废的，但这现状可真是让人感慨万千。

但距今40年前，也就是我35岁左右的时候，我花了30

多万日元购买的当时流行的松下便携式家用录像系统摄像机和录放机,用了20多年都没出现什么故障,一直用到视频载体被DVD代替的时候还可以正常使用。

只有这种满怀诚意的产品才能被称为"Made in Japan",不是吗?

数年前中国游客大量涌入的时候,常听说有中国资本入股的家电量贩店LAOX(乐购仕)从早上7点左右就开始面向中国游客开放,而这些游客驻足最多的就是佳能单反相机的展位。而佳能正是所谓的"Made in Japan"产品。

随着海外的房租、劳动力等成本高涨,加上泰国的水灾,这次的新冠疫情,为了回避海外的风险,在制造方面"回归日本"的品牌厂商日渐增加。可是,从海外进口便宜零部件的品牌厂商还是很多,我听说之后失望极了。

恐怕回归日本制造的品牌厂商不过是为了规避物流之类的风险才采取了这样的行动,而不是因为看好日本中小微企业生产的高品质产品。对于他们来说,果然压缩成本才是最重要的吧。

但品牌厂商们应该明白,只有使用了日本中小微企业制造的高品质零部件,产品本身印着的"Made in Japan"才称得上名副其实。

日本的品牌应该更关注本土制造？

长期以来，日本品牌厂商在设备方面对海外的投资一直高于本国。

日本品牌厂商在海外大力进行企业并购（M&A）之类的投资，持续增加海外资产。根据《日本经济新闻》的报道，这20年来，美国、英国等国企业在日本生产设备方面的投资都有五六成的增长，但日本企业在本国生产设备上的投资增长却不足一成。

同时，日本的女性职工和65岁以上老年职工均有增长，采用派遣制员工、极力节省人力成本的做法成为主流。

品牌厂商本应对日本人力和设备进行积极投资，却吝于在这些方面进行资金投入，一味地增加内部储备金。这可能是曾苦于泡沫经济崩溃时过剩的设备、人员，而导致的后遗症吧。但这种行为无疑是日本制造业低迷的重大要因。

还有一点，我必须提出。

现在有一些中韩已经在技术方面超过日本的言论。

以前也经常听说，日本大公司的高级技术人员，周五晚上乘飞机飞往韩国，周日晚上飞回日本；日本的高级技术人员，被其他国家的品牌厂商高薪挖角；已经退休的高级技术人员被国外公司高薪高待遇聘请……

虽然这里有国民爱国意识变薄弱的问题，但更多的责任在于多数日本企业。

日本企业本来是采用"终身雇佣制""年功序列制"这些制度来经营公司，让员工理所当然地认为公司就是"大家庭"的。可不知道什么时候开始，很多大企业都学起了欧美企业那种人情寡淡的经营风格。

倘若一家公司能够建立起珍惜每一个员工、照顾他们到最后的体制，无论海外的竞争对手提出多么优厚的条件，日本大多数的技术人员都不会把自己珍视的公司的技术、信息出卖给海外公司吧？

大企业曾经流行过年轻员工优先任用，征集55岁以上提前退休员工的风潮。

那不过就是为了掩人耳目地削减人工费用罢了。

可员工不是经费。

也不是物件。

每一名员工都有自己珍视的家庭和作为人类的内心世界，他们一边体会着作为人的喜怒哀乐和烦恼，一边努力地生存。

在我们中小微企业中，高龄者，即经验丰富的长者，特别是技术人员是尤为珍贵的。

我认为如果公司能建立真正的终身雇佣制，照顾员工至死为止才好。

日本的大企业引进了不适合日本人的欧美合理主义，为了削减成本进行裁员，为了压缩成本聘用非正式员工（派遣），轻视正式员工的作用，为了节省成本将生产移至海外，结果是什么呢？

顺便再说说我对大企业雇佣大量非正式员工（派遣）的看法。

活用派遣员工确实在降低成本方面颇有益处，但从创造更富有魅力的日本商品、日本服务这个角度来说，恐怕是有负面作用的。

我曾听说某个品牌厂商连开发和设计方面都雇佣了派遣员工，他们就算能力上毫无瑕疵，但在保守秘密、创新热情方面能比得了正式员工吗？

就算是生产车间的工作人员，在实际工作中想办法解决问题的精神和所下的功夫也都不一样吧？

这样搞个一两年倒也罢了，若是十年、二十年都持续这样做的话，从我们中小微企业"制造现场"的角度，每天自下而上传递的"宝贵意见"难道不会大幅减少吗？

关于中国制造

下面我们来聊聊我眼中的中国制造吧。

我曾参观过中国台湾的台北故宫博物院。中国历史上那些了不起的作品，无论花多少时间都看不完。

其中特别令我惊讶的是被称为"象牙套球"的球形象牙工艺品。

精雕细琢的镂空象牙球的里面还有层层叠叠的镂空象牙球，到底是怎么做出来的啊？在我惊讶不已的时候，导游告诉我："这是祖孙三代花费 100 年制造出来的。"

这件工艺品所展现的精湛技术、勤勉精神、创作热情，让我感到震惊。

因为这就是我所说的日本制造应该珍视和具备的了不起的地方。

制造的本质就在于孜孜不倦的精神。

即便是在顶级的大学学习过，在顶级的公司锻炼过，并使用顶级的设备做出很多了不起设计的人，如果他缺乏这种孜孜不倦的精神，他就做不出真正的好产品。

正是秉承着这种孜孜不倦精神的经营者和核心员工们肩负起了日本的中小微企业。

可是，纵观近年来的社会风潮，大多数人都觉得与其参与这种产品制造，不如参与看起来更帅气的互联网商业。这种风潮无疑给日本的制造文化带来了负面影响。

而且我也心怀忧虑，当已经成为制造大国、使用着精密机器的中国，不断学习、传承他们的祖先制造出那些故宫工艺品的工匠精神，并加以钻研和发展，日本制造可能永无重新崛起、与之匹敌的那一日。

现如今的日本，应该守住这精神文化遗产，并使之发扬光大才对。

日本的半导体制造为什么衰退了?

在这一章我还有一件想聊聊的事。

那就是曾让日本自豪的半导体产业为什么衰退了这件事。

半导体虽然是在20世纪40年代后半期由美国发明的，但到了20世纪80年代，日本建立了无尘室、LSI（大规模集成电路）等量产化技术，并靠着动态随机存储器、闪存等半导体产品，在半导体领域成为世界的领头羊。

可是，这使日本陷入了"春冰虎尾"的状态。1989年，日

第一章 日本制造业的现状

本政府在日美半导体协商会议的会场中签订了可以说是"不平等条约"的《日美半导体协定》,自此以后,日本的半导体产业便不可避免地走向了衰退。

日本在技术水平上虽然没有落后,但那技术却不得不被设备制造商带到美国,技术人员也被韩国聘请。最终日本的技术成了其他国家也能使用的技术。

另一方面,半导体需求增加,开发、量产都需要庞大的资金支撑,这也成了日本与其他国家的分水岭。日本通常是单独一个企业来应对需求,而亚洲其他国家和地区却是举一国一地之力来应对需求。

我认为,日本是彻头彻尾的"制造立国""技术立国"。

日本的顶级品牌厂商中存在着一些强大的企业,他们能够把握日本的制造力,并通过这股力量实现全球化。

接下来,我想以其中的两家代表性企业丰田和小松作为样本来谈一谈。

第二章

所谓的"SHIN·日本制造"是什么

丰田知道答案？

在日本本土产业空洞化加剧的时期，汽车产业仍然保留着固有的亲子关系，即"下包制度"。

泡沫经济崩溃后，汽车产业基本也都留在日本国内。特别是丰田汽车公司，就像他们的社长丰田章男曾明确说过的——要在日本造300万辆汽车，他们将大部分生产线留在了国内，这个规模与其他厂商相比也是最大的。

拜此所赐，很多日本的中小微零部件制造公司在泡沫经济崩溃后的这30年来，能够毫无困难地将公司经营下去。

电动汽车的浪潮减少了燃油车辆的需求，也为日本的就业情况带来了相当大的打击。我想，正是因为如此，丰田才开发了混合动力汽车（Hybrid Vehicle，HV）、插电式混合动力汽车（Plug-in Hybrid Electric Vehicle，PHEV），最近还推出了氢燃料发动机，尽量把发动机相关的零部件都利用起来。

丰田的方针毫无疑问在"守护日本的就业"。但在日本制造汽车的意义不止于此。

制造真正的好产品，不能只靠本公司的正式员工，下包公司、合作公司等的"垂直领域的专家"也必不可少。

我们公司的销售增长能达到现在这个程度，靠的是对技术的极致追求。公司太小无法将工作细分化，设计工程师不得不靠一己之力从1做到10。正因如此，才能够产生更新更有效的技术，不是吗？用厂商的话来说，就是科研开发与生产制造一体化。

从品牌厂商最近拿过来的设计图来看，不知道线圈是什么就画了图的技术人员变多了。有时候干脆让我们自己来设计线圈规格。

线圈这种零部件，根据电线和线轴等材料的不同可变性很高，再加上绕线方法不同也可能会有很大的变化，所以纸面计算和实际应用会产生很大差距。

我们公司的技术人员会在这些数值无法表现的差异上多加留心，向客户提供"这里不能像设计图画的这样绕""这里应该更小一点"等信息。

要么亲力亲为，要么由自己人进行制造，并营造与他们频繁交流的环境，这对于产品制造来说非常重要。丰田应该是明白这个道理的。

/ 第二章 所谓的"SHIN·日本制造"是什么 /

丰田的同步工程管理

丰田采取了一种名为同步工程（Simultaneous Engineering，SE）的管理方法，simultaneous 意为"同时的"。

所谓 SE，就是从产品开发到导入量产为止的程序，都以源流管理[1]的思想为基础，让生产相关的组织和部门从设计开发阶段就参与进来。

也就是说，工厂的品质管理部、制造部、开发生产设备与施工方法的生产技术部，以及生产零部件的外包公司或供应商，都要站在各自的立场上对设计规格进行检视，并提出改善意见，从而做出完成度较高的设计图。

而到了量产这一阶段，设计人员也要蹲在工厂，为提高产品稳定性、排除制造困难、削减成本进行各种活动（如 VE[2]、VA[3]），优化包括外包公司在内的生产一线的技术流程。也就是说，要让制造相关的人员"齐聚一堂"，同时为了一个目的

---

1 源流管理：从源头上解决问题的品质管理方针。当工程或产品出现问题时，不仅要解决问题，还要追根溯源找到问题产生的根本原因。
2 VE（Value Engineering，价值工程）：以产品功能为导向的系统化管理技术，对产品的成本与功能进行研究，力求用最低的成本实现顾客所需的必备功能，从而提高产品价值。
3 VA（Value Analysis，价值分析）：对已经量产的产品进行再研究，通过变更规格、提高制造效率、改变供应商等方式，在维持品质的情况下减少成本的管理方式。

展开行动。

想要让这个 SE 系统运行起来，就必须让设计人员和制造人员统一行动。而日本国内生产项目为零，全靠海外工厂支撑的公司是没办法实现的。

应该把像这样在日本国内仔细斟酌设计好的图纸拿到海外工厂去，建立起能够稳定生产出完全一致的产品的体制。

而此后的生产委托方面，也要采纳各生产方的 VA 提案、改善案，对各项工程进行复盘和优化，并将这套程序标准化，在海外各个生产工厂推广，使"日本品质"即"Made in Japan"的地位进一步得到强化。

我们每每对员工说"千锤百炼出品质"，仔细想想，这与 SE 完全一致。当我们公司出现不合格品的时候，我们会进行"不合格分析"，集合所有相关员工来探讨原因和解决办法。从单纯的失误开始，对操作问题、夹具问题、机械问题、材料问题乃至设计问题，逐个调查，有时还不得不跟客户商量，请对方更改设计。

我认为，像这样把问题一个一个地解决掉，不合格品就会不再出现。

一个问题出现了，那就不是一个产品的问题，其他产品都可能再现这个问题。所以，采取横向扩展的办法，就能同时解决很多问题。

/ 第二章　所谓的"SHIN·日本制造"是什么 /

丰田靠着前述管理方法，不断地进行着"优化"工作，向着制造出最安全、最舒适的汽车这一目标不断前进。

在日本国内进行制造，在海外进行推广这一模式，在2021年7月28日的《丰田时报》中也有体现。

有"支撑日本汽车制造的工匠们"称号的第5代普锐斯模具工匠和田安信表示："丰田在世界各国都有工厂。在其他国家使用的外板面板的冲压模具，也是以在这里完成的模具为母模的。有时会把这里制造的模具直接送给海外工厂使用；有时会对这里制作的模具进行精密的测量，然后把数据送到海外工厂，海外工厂再依据这些数据制作模具。"

小松之道

说件有点久远的事，我以前曾经到"建筑机械的小松"（即小松制作所）的栃木工厂参观学习过。这家公司遵循着名为"小松之道"的经营管理方针，保持着出类拔萃的竞争力。

小松也在进行着海外扩张，单是生产建筑机械的工厂在全世界就有22家，而其中有16家不在日本。小松全公司共有5万多名员工，其中有2.8万人在海外工作。

33

他们的产品在海外很受欢迎不是因为产品在日本制造，而是因为任何一个地方制造的小松制品都有着"Made in Japan"的品质。

也就是说，小松那 3 万左右的海外公司员工对品质的意识和追求必须不低于日本国内。小松之道的手册由包括日语在内的 12 国语言编写而成，其中的奥妙已经深入各国当地法人的内心。

我去这家工厂的时候，他们是这样对我们进行解说的：

"我们公司在此制造的产品是全世界各国工厂的根本，无论是刚建立的新工厂还是既存的老工厂，我们都会定期让他们的车间管理人员和工人来这边研修，学习与这边完全一致的制造方法。"

"此外，重要零部件会向国内供应商采购并送到国外。"

"彻底推行'小松之道'，培训国内供应商和各国工厂的员工，贯彻令人信赖的经营方针。"

这家公司还与下包公司构筑了一种特别的互惠关系。2008 年全球金融危机发生，下包公司无单可接的时候，他们曾把自己的订单分给下包公司，也曾对下包公司进行资金援助。由于存在着信任关系，下包公司也会努力提供各种技术经验。

这个世道盛行"蜥蜴断尾""用完即丢"，那些做过这些事，并在做过之后甚至还堂而皇之地在世界市场上逐鹿群雄的

第二章 所谓的"SHIN·日本制造"是什么

企业,希望能够参考一下小松之道,思考一下今后企业应有的形态。

那些笃信生产制造必须在海外进行的日本各大品牌的社长们,请你们一定要听听于2001年就任小松社长的坂根先生的发言:

"比方说'在日本制造的成本太高'这一深入人心的固有观念吧,实际上,分析一下世界上各国工厂的各种产品的成本构造就会发现,日本工厂在成本的可变动部分有很强的竞争力。

"同时,若已知成本的固定部分占比很大,那就干脆做一台'大手术',实施结构改革。"

对于日本企业来说,总部机构的责任太重了。

像小松那样对冗余的总部机构进行结构改革,再从日本下包公司调集零部件,极力推行自动化生产,还是可以与海外工厂一战的。这里所说的自动化经常会被人误会。

制造业界的人可能会比较容易想到,自动化可不是能简单实现的。首先,必须有足量的产品需求。其次,通过自动化再现具有工匠精神的高超技术是很难的。我所说的"自动化"是其他国家所推行的"自动化"没有的,能体现工匠精神的"自动化",而这种"自动化"才是日本企业的武器。

是否像这两家公司一样知晓"制造的本质",可以左右一家公司未来的命运。

丰田和小松都活用日本国内中小微企业的制造力,树立起了品质标杆,使生产标准化。再将这套标准推广至海外工厂,使其葆有"Made in Japan"的品质,销量也理所当然地达到了世界最高标准。

接下来我们再看看其他产业吧。

其他产业的思考方式如出一辙

目前我们介绍了汽车和重型机械产业的制造案例,下面来看看其他产业吧。

首先是工业机器人产业。在日本安川电机和发那科要算机器人产业的代表性企业了。

这两家公司都立足日本国内生产。安川电机地处北九州市,而发那科坐落在山梨县富士山麓。

这两家公司都开展了海外业务。

安川电机生产的工业机器人的市场份额居世界第四,他们公司的前任社长津田先生在进入中国市场时曾明确表示:"作

/ 第二章 所谓的"SHIN·日本制造"是什么 /

为母工厂,我们将继续在日本进行产品、生产技术、机器人应用技术等的研发,进行品牌厂商应做的基础工作。"

而市场份额同样位于世界前端的发那科为了防止技术泄露,也执着于在日本进行生产工作。除了组装半成品的工作是在中国工厂进行的,其他的生产作业几乎都在山梨县的总部工厂完成。

在CNC(数控机床)设备领域,占有全世界一半市场份额的发那科,居然为了防止技术泄露而把几乎所有的生产工作都放在日本国内。这种彻底的防范措施真是使我震惊。

零部件应该在日本开发、制造

月刊杂志《日经制造》2021年10月号有一篇题为《零部件国内生产掌握着日产汽车复活的命运》的文章,我瞪着盘子一样大的双眼拜读了一遍。

这是一篇有关日本发条株式会社[1]名誉会长玉村和己在2021年7月份就任日产汽车互助会"日翔会"会长时的采访。

玉村先生在采访中说道:"在我还是日本汽车零部件工业

---
1 株式会社:相当于中国的股份有限公司。

会会长的时候（2012—2016年），有些人半真半假地表示：'今后开发在国内进行，生产在海外实施。'我当时就觉得，那种方法造不出新的零部件。现在我的想法也没有改变：必须在日本国内开发新零部件，并使其制造技术在国内成熟。所谓成熟，就是对产品的品质和生产效率进行打磨、完善。把这些都做好，明确了制造方案和方法，再交给海外工厂进行生产，才是正确的零部件开发和生产方式，才是正确的全球化扩张方法。"

要达到这段话提到的技术的成熟，必须在日本国内建立一定规模的生产车间，持续生产出一定量的零部件才行。如果在国内没有量产经验就把新开发的产品图纸拿到海外去量产，在我看来是行不通的。

玉村先生在这篇采访中还说："希望日产汽车能够好好倾听一下零部件厂商的难处。"

读到这里的时候，我不由得大叫起来："说得对啊！"

从我阅读过的各种书籍和网上的文章来看，持有这样意见的人只有他一个。

我自己一个人无论如何高呼，也只会被人当成"管理乡下小公司的老头子的胡言乱语"。与玉村会长这位有权威性的大人物的观点不谋而合使我倍感欣慰。

既然玉村会长用了"成熟"这个词，那我也借用来表达一

/ 第二章　所谓的"SHIN·日本制造"是什么 /

下我最想表达的观点吧。

日本的制造业，特别是我们中小微企业，在制造同一零部件的时候也经常会思考如何对此进行优化。

特别是在大规模生产的时候，若能通过改进生产技术，提高生产效率，使每个零部件的生产时间减少1秒钟，那10万个零部件就能节约10万秒（约28小时）。在品质改善方面，也能在出现不合格品时减少处理客诉的成本，节省相当多的费用。

品牌商不应把下包公司当成单纯的零部件供应商，而应该把下包公司当成战略伙伴来看待，好好听取下包公司的建议。

这可不是在《下町火箭》（日本TBS电视台2015年播出的工业题材电视剧）世界中发生的故事，而是现实就是如此。

所以，无论面对多大规模的公司，我都会挺起胸膛，毫不胆怯。在技术和贸易方面，也从来都是直言快语，毫不客气。

下面就让我来陈述一下我对日本品牌商的建议。

日本品牌，请回归原点！

现在日本的各大厂商已经在世界各国建立起了生产基地，大家可能会认为，如今再转战日本国内搞生产有点儿不太现实。

可是如同前面列举的丰田、小松、安川电机、发那科这些公司，在日本国内设置工厂的同时产品在世界市场上占有率名列前茅，并不是一件不可能的事情。

但我也不是说应该把全部生产业务放在日本。

而是应该像丰田、小松、安川电机，以及玉村会长所说的那样，在日本搞"母工厂""范例工厂"，建生产基地。

- 在日本保证一定的生产规模
- 将日本生产的产品作为海外生产的标准
- 在海外生产的零部件，也必须要做成与日本同样的品质、规格
- 如果做不到上一条的话，就在日本制造零部件，再送往海外

我认为上述措施都可以实施。此外，只要建立起当地的指导体制，以及从当地派人到日本研修的制度，在海外制造出与日本同等水平的产品是有可能的。

重中之重是，要向日本的下包企业下单购买零部件。

日本生产当然是要使用精确度高的完美零部件来努力实现生产的全自动化。

公司内部也要随着全自动化进程来培养自动化生产的相关技术人员。

而那些技术人员想必会不断改善自动化机器，使其日趋完美吧。

如今，世界各国都在为了削减不断上涨的人工费用而努力推进自动化生产、机器人生产的进程。而日本最值得称道的是改进能力。只要能够不断改进，无论其他国家自动化进程到了哪一步，在品质、生产数量、成本上日本都有信心不会落后吧。

当量变积累到一定程度，再积极指导下包企业尽可能地完成自动化。如果下包企业有资金方面的问题，可以通过援助（贷款、协助自动化等），最终达到一边减少成本一边稳定生产的目的。

这里有一点是中小微企业要注意的。那就是千万不要将自己的技术、知识轻易地告知大公司。虽说大公司不都是这样，但其中有一些公司是把"更快更省"看得比"品质"更重的。如果轻易将自己的知识、经验告知大企业，他们可能会将其运用于自己的生产流程，并因此提高生产效率，逐渐地减少甚至砍掉给你的订单。

最好的做法是让大公司感受到你的重要性，持续大量下单。这样一来，日本所有的制造商就会把日本消费者购买的产品全都放在日本制造，一定会为日本经济吹起复苏之风。

然后，再以这些经验中的技术、知识为进军世界市场的武器，形成"虽然有点贵，但'好东西，日本造'"的印象，在世界各国消费者心中确立稳固的地位。

像现在这样，在人工费用低廉却无法保证品质的情况下生产，还想增加世界市场上的占有率，可能性是微乎其微的。

总之，在"制造常规产品"这个赛道上，日本是战胜不了海外厂商的。

日本必须制造非日本造不出来的"最棒产品"，并将其推向世界。

也就是说，我们要面向全世界的富裕阶层，推出在设计感、创意、实用性、耐用性、完成度等各方面都很优秀的产品。

从电动汽车看日本制造的优势

《日经商业周刊》的某篇文章报道过这么一件事：美国的一家名为A123系统的创业公司召回了自家生产的锂电池动力

汽车,以致名誉扫地,最后被收购了。其实,世界各地电动汽车起火的事故有很多。

美国特斯拉生产的电动汽车"Model S"于2013年在美国连续发生了多起汽车起火事故,之后在2016年的法国试驾会上也发生了起火事故,不仅如此,特斯拉在挪威、瑞典、中国都发生过起火事故。

日本产品开发周期长这件事虽然很让人焦急,但在安全方面的意识、在安全确认方面的制度或许也更耐得住考验。

对于事关人们生命安全的产品,安全才是最重要的,不是吗?

"较真""执着"是日本制造的关键词,也是日本企业精神具有代表性的地方。

学习欧洲对"物"的思考方式

日本制造的"较真"与"执着"在如今的制造趋势中仍然有适用之处。从欧洲现在的努力方向可见一斑。

2000年欧洲议会提议,要促进商品的再利用,鼓励可持续的消费者选择。其内容包括保修时间延长,保证零部件更换,在修理维护方面进行改善等，使消费者获得更方便的、性价比更高的维修服务，保障消费者的权益。

这一提议的背景之一，是欧洲消费者需求的变化。如今，当商品在使用中出现质量问题时，比起购买新产品，多数消费者更愿意"修理"。无论是家具厂商、数码电器厂商、家电厂商，还是消费者，都更希望通过更换零部件或者其他的修理方式来解决商品的质量问题。

日本自古以来就有爱惜物品的文化。日语中有"モッタイナイ"（浪费）一词，被译成"mottainai"，而为世界所知。

可是，日本在战后受欧美消费主义文化浪潮的影响，逐渐成为消费主义国家的先锋。

据官方估算，日本每年大约产生2759万吨食品废弃物，2015年平均每天有1700辆大型卡车被用于丢弃食物。

"是谁把日本变成了这样？"对此，恐怕我们每一个人都有责任。通过了解现在的日本制造就能够猜出，日本已经完全地陷入"用完即丢"文化。

我在这里提倡的是"制造高品质的产品"，即复活曾经的"Made in Japan"。万一产品还是发生了故障，在马上给顾客维修并送回产品的同时，还要彻底探究产品故障的原因，杜绝同类故障再次发生。若是建立起这样的体制，日本在这个领域还能领跑世界。

制造在日本，销售在日本。对品质要求甚高的日本消费者能够认同的产品，也一定会被海外消费者所接受。

那么，就让我们再次回到原点，首先在日本贯彻"真正的好东西""高度设计""高级品质""高水平售后"，实现"重生的日本制造"即"SHIN·日本制造"，向全世界宣告"Made in Japan"的回归。

为什么不在日本生产智能手机和电脑？

智能手机、电脑的主要零部件多数都是由日本的大型零部件厂商制造的，可为什么电脑品牌主要集中在中美，智能手机的生产主要集中在中韩呢？

距今40年前，日本电脑制造业务的先驱者是日本电气（NEC）和夏普。我当时也拥有一台日本电气的PC-8000（当时20万日元左右），用来教授学生BASIC语言[1]。

此后，电脑市场就被美国公司占据了，CPU的龙头老大是

---

1 BASIC（Beginners' All-purpose Symbolic Instruction Code）语言，是一种给初学者使用的计算机适用编程语言。

45

英特尔，软件则是微软的 Windows 独占鳌头，执着于一条龙模型的日本制造商跟不上这些变化，也跟不上物流的变革，以至于像日本电气、富士通这样的老牌企业的电脑业务如今也被中国的联想收购了。

估值约 10 兆日元的电脑相关产业，就这样在日本几乎消失了。

再说智能手机，组成智能手机所需的零部件据说有 1000 多个，如果日本的厂商能代替鸿海、三星在日本生产制造智能手机的话，不就有大量的零部件订单能被分派给日本的中小微企业了吗？日本的制造业也一定会因此更有活力吧？

说不定还会再诞生出一两家像村田制作所、阿尔卑斯阿尔派那种级别的公司。这影响可能还会波及其他产品，使日本的产业结构呈现出完全不同的光景也说不定。

现如今，已经是人手一部智能手机的时代。朋友、熟人的电话号码、电子邮箱地址、日程表等个人信息也好，游戏、视频、音乐、电影这类娱乐也罢，还有铁路道路指引、天气预报等各种生活类信息，甚至各种付款方式……生活的一切都被收罗在智能手机里。智能手机就仿若一个人的分身，我想说，像这样重要的产品，日本需要占据一定的市场地位。

/ 第二章　所谓的"SHIN·日本制造"是什么 /

你有饥饿精神吗？

过去的发明家多是自己进行实验，经历失败，再从中吸取教训得到新发现。其中最有名的可能是说一生搞出1300多种发明的托马斯·爱迪生。白炽灯就是他的发明。而这个产品，据说是他搜集了世界中6000多种材料试验了10年才开发出来的。

听说福特汽车的创始人亨利·福特也是一边在爱迪生的照明公司工作，一边努力发明了四轮机动车。此外，莱特兄弟的故事也很有名，听说实验了1000多次。

我们中小微企业从很久以前就跟发明家差不多。

自己思考，自己实践，在不断地经历成功与失败的过程中，不断提高自己的技术。

专注于一件事，就围绕这件事持续思考。在生产一线对想到的方法进行尝试，如果失败了就重新思考，夜以继日地想办法。只有像这样不断试错，不断思考才能有前所未有的事物诞生，才能实现前人所未竟之事。

当然，大公司的技术人员之中也有专注思考，多番试验，最终搞出各种发明的人。但他们毕竟没有我们中小微企业更接近生产一线，所以我认为还是略有不同之处的。

更重要的是，我们这些中小微企业的管理者、技术人员，都是没有靠山、后盾的。

比方说，经营者不得不直面经营危机，如果完不成某些工作，公司就会面临破产的危险。又或者，经营者不得不夜以继日地思考，如何尽可能地从报酬微薄的工作中生出利润。因此，中小微企业经营者在这方面的执着程度，恐怕和大公司的经营者有很大的区别。

总之，中小微企业是因为有这种专注的执着（即饥饿精神），才能够持续不断地开发出新的技术。

"提供高品质、低成本的产品。"

日本的中小微企业洋溢着这种力量。

所以，决不能浪费这种力量。

对这种力量的浪费不仅是日本的损失，也是世界的损失。

照亮中小微企业未来的半导体市场

2008年日本独立行政法人产业技术综合研究所（简称"产综研"）以"极致多型号微量生产"为目标，开发了半导体微量生产系统（最小的晶圆厂）。

第二章　所谓的"SHIN·日本制造"是什么

根据2017年3月15日产综研发表的内容，这个装置的开发理念与大型半导体生产装置完全不同，仅用一个小型（30cm×45cm×144cm）长方形箱体，就能一次性完成半导体生产装置的曝光、清洗、光刻、沉积、蚀刻、注塑、引线键合、背面研磨、层压等多道工序。

目前建设大型半导体生产设备至少需要投资5000亿日元，虽说很适合大规模生产，但面对1万个以内的多型号微量生产需求时，成本就会变得非常昂贵。但这种半导体微量生产系统的费用是大型设备的千分之一，占地面积则是大型机器的二十分之一，可以说非常适合中小微企业了。

此外，利用这一设备可以自由地进行半导体自主研发。如果试作品个数较少，只要1亿日元左右就可生产。若是一年需要50万个左右的半导体产品，只要400台机器，5亿日元左右就能搞定。

随着商品化的推进，这一划时代的装置，不仅对医疗、航空、微型机器人等最尖端技术的研究开发大有裨益，对今后的电动车市场、次世代电子机器市场也会很有帮助。

都说今后的半导体市场的规模将达到50兆日元。其中有25兆日元的份额将会被大规模生产半导体的大厂所占据，而剩余的25兆日元市场很可能通过这一系统（半导体微量生产系统）瓜分。

这一系统对日本来说是起死回生之术，就大中小微企业都能参与这一点来说，今后很可能培育出更加迅速、更加有效、更加贴合实际的生产系统。

这可能成为"SHIN·日本制造"的大型武器。

促进制造业回归日本，不能一味等待

2022年6月，日元跌破了史上最低的纪录。若是以前的话，日本生产的产品在出口海外时会由于日元走低而获得更多利润，但现在，日元走低导致成本增高的企业应该不在少数。

在大家的印象中，由于亚洲诸国的人力成本走高、局势不稳定等因素，将海外生产工厂陆续迁回日本的企业开始增多。但实际上，日本企业的海外工厂依然非常多。

不过，一味等待生产回归日本，等于是把一切交由外部环境来决定。如果坐等不知何时会降临的希望之光，那只会累积不安，重要的是：我们应该不断强化自身的优势，设计能够制造出更低成本更高品质的生产方案。我们的市场，是海外。

各位读者可能会认为"你说得倒轻巧"，但在当今时代由于科技发展，此事的难度已经没有以前那么大了。对此，我会

/ 第二章 所谓的"SHIN·日本制造"是什么 /

在之后的章节中以我们公司为例向大家详述。

"SHIN·日本制造"的定义

读到这里的各位或许已经理解了我所说的"SHIN·日本制造",在这里我想重新为大家阐述一下"SHIN·日本制造"的定义。

大公司应尽之责:

1. 尽可能在日本进行产品制造,至少也要在日本建立母工厂或范例工厂;

2. 与持有优秀技术的日本中小微企业协作,专注于提高产品品质;

3. 协助日本的中小微企业发展自动化、物联网化。

中小微公司应尽之责:

1. 能够按订单量进行特殊加工,并实现其自动化、物联网化,推进专业技术标准化;

2. 自动化产线要物联网化、数字化、智能化;

3. 活用半导体微量生产系统等。

我理想中的大企业与中小微企业的关系是 20 世纪 80 年代那样的,现在与以前不同的是,最新的技术夹在两者之间。

第三章

从地狱深处生还：
为什么SELCO能够死而复生

SELCO这家公司

我所管理的这家名为 SELCO 的公司，公司名取自英语词组"self-control"（自我管理）的"sel"和"co"。公司起这个名字差不多是 50 年前了，那时候的公司名通常采取"地名 + 业务"的形式，比如"小诸线圈"或者再扩大点范围叫"长野线圈"之类的[1]。所以"SELCO"在当时可以说是非常独特又时髦的公司名。

我刚进公司的时候，是公司成立 12 周年。这家公司是由我的哥哥与他在工业大学上学时的同级生、前辈，合计三人一同创办的。最开始的时候，不过是在城里废弃的大巴车里面进行绕线作业的奇妙公司。

之后，公司便迁到了现在这个地方。因为这里是郊外，所以公司搞了辆印着"SELCO"几个字母的迷你巴士来接送员工上下班，当时本就有些稀奇的迷你巴士加上车身硕大的英文字

---

1 SELCO 公司总部位于日本长野县小诸市。

母，一时间还成了当地的话题。

公司所在地其实是一所1.7万平方米的中学旧址，旁边还有一所据说是著名词作家永六辅[1]先生曾就读过的小学。据说当时这里是非常排斥外地人的村落型社会，永先生也因此受到了排挤和霸凌，他写的《仰头前行》[2]的歌词，描述的就是当时的情形。

我们公司值得一提的除了新颖的公司名和独特的创业故事，还有优秀的业绩——创业20多年来一直是下包公司中的典范。

我们公司在创立后的数年间，一直是县内有影响力的打印机厂商的专属下包公司。当时我们公司每个月要生产100万个线圈，还要负责线圈的组装工作，鼎盛时期有三家工厂120名正式员工。

此后17年一直是这种依存于唯一厂商的状态，所以，当点式打印机被喷墨式打印机所取代，而发包企业又开始进行海外转移时，我们就突然没了工作。

在此之前，我们都坚信发包企业对我们就像父母对孩子一样照顾，沉浸在这种"安全、安心"中，认为无须多想，只要像目不转睛地啄食的雏鸟一样，一门心思完成被委托的工作就好，按照发包企业的要求闷头苦干就好……这就是我们的宿命，

---

1 永六辅：日本著名电视编剧、词作家。
2 《仰头前行》：由坂本九演唱的一首传唱度很高的日本歌曲。

/ 第三章　从地狱深处生还：为什么SELCO能够死而复生 /

我们的应尽之责。我们怀着这样的信念，夜以继日地努力工作着。

没想到有一天，鸟妈妈不再带食物给我们了。

突然没了吃食，饿得瘦骨嶙峋的弱小生命即将迎来自己的终结。

我们该如何是好呢？

如何在风浪中存活？

我们赖以生存的打印机业务突然停摆了，在对3家工厂进行合并重组之后，只有总公司工厂作为SELCO的主体保留下来。当我正盘算着要如何在这场风浪中存活下去的时候，可谓天无绝人之路，日后成为世界硬盘市场老大的美国西部数据公司（下文统称WDC），通过一位在美国生活的日本销售代表联系了我们。

当时WDC刚刚成立，只在圣何塞的硅谷拥有一间小小的办公室。

委托内容是将铝制的硬盘摇臂（控制磁头读取硬盘信息的

零部件）与线圈用塑料铸型。WDC一直为找不到能够完美完成这项工作的工厂而感到烦恼。

我们运用了一些偶然得来的经验试产了一下，结果非常顺利地达到了WDC的要求。我们的原型一送到对方的手上，马上就得到了超大量的订单，半年后，我们的营业额就能和打印机时代比肩了。

此后的4年，我们的工作以完成来自新加坡的订单，并发货到马来西亚、中国、菲律宾等组装摇臂和磁头的工厂的形式展开。每隔两三个月陪同销售代表去新加坡和其他各国拜访客户也成了我工作的一部分。

可是当时我英语水平很差，英语会话的内容基本上听不太明白，只是以定期旅行的心情度过了这4年。

好景不长，梦一样的事是不会持续存在的。

下包公司的本质毫无改变的我们公司，对发包公司毫无防备。当时新加坡的WDC要求我们提供那种特殊铸型技术的诀窍，我们居然就那么交出去了。之后不过数月，WDC就停止了与我们的交易。

最后，WDC把我们的技术转让给了另一家公司，而这家公司使用我们的技术，后来成了一家超大规模的企业。

当时我们一筹莫展，幸好时任公司社长是分包母公司派遣过来的，让我们派了6～7名工人到分包母公司工作了几个月，

第三章 从地狱深处生还：为什么 SELCO 能够死而复生

才勉强渡过难关。

又过了几个月，同样由于硬盘的线圈铸型问题而焦头烂额的韩国三星集团，也经我们公司在圣何塞的销售代表游说，向我们下了大量订单。

我们公司就这样，在完全没有相关知识和经验的情况下，拿到了大批海外订单。

做进出口生意的时候，如果产品不合格，单是退货的运费都会高得让人头疼。当时的铝制摇臂和镁制摇臂都是从新加坡等地购入的，质量问题很是让我们头疼。

在进出口生意方面，如果既没有经验也没有知识，在当地又没有值得信赖的人，我们这些中小微企业就很难开展业务了。

这些经历极大地影响了我对海外订单的思考和看法。

此外，汇率问题也很重要。

从前言中展现的我们公司销售额及经常性利润图中可以看到，1995 年我们公司年度销售额达到了史上最高的 18 亿日元，当年我们正在和 WDC 做生意，而那年也是日元汇率史上最高的一年[1]。

---

[1] 1995年4月，日元汇率创下"二战"后最高纪录，1美元相当于79.75日元，1日元约等于0.155元人民币。2024年4月，1日元约等于0.048元人民币。

当时1美元约等于79日元，好不容易拿到的利润几乎全被汇率损失给平掉了。

如果当时能具备一些汇率知识，就可以通过签订远期外汇合约、暂时贷款躲过日元价格峰值等办法减少损失了。

现在说这些，不过是马后炮罢了。

在那之后，我们与三星的合作持续了两年。

1997年7月7日，发端泰国的亚洲金融危机波及韩国，韩元贬值，韩国遭遇经济危机。翌年12月，来自三星的订单戛然而止。

当时我们公司每个月的营业额差不多有1亿日元，其中有7000万日元是三星带来的。可想而知，这一情况对我们的打击有多大。

但我们还是心怀侥幸，想着过段时间订单就能恢复了吧。可是过了1月、2月，转眼到了3月，订单丝毫没有恢复的迹象。这下终于到了我们不得不痛下决心的时刻了。

/ 第三章　从地狱深处生还：为什么SELCO能够死而复生 /

要关门大吉吗？

那4年左右的时间，我的公司从分包母公司借调了两任社长。在那之前一直担任社长的我的哥哥，跑去泰国搞新项目创业去了。父亲十分担心经营者不在的SELCO的未来，再加上分包母公司曾是我父亲创立的，所以他们就把社长的位置委任给了我父亲。

本来哥哥退位的时候，应该把社长的衣钵传给我才对。但可能是由于当时的我对甲方态度强硬，父亲认为这样的我不够成熟，就没有同意。更主要的原因是，我自己当时也并没有想要当社长的意愿。总之，最终的结果就是父亲受外部（分包公司）委派成为SELCO的社长。

可是，事情的发展出乎父亲的预料。

三星的订单作为主要业务来源没有恢复的迹象，分包母公司的常务董事就喊我过去谈话，劝我关掉公司：

"现在倒闭损失还不大。现在的日本已经没有你们公司能做的工作了。"

那时候，我不假思索地说：

"那么，我来当社长，缩小公司规模，让公司存活下去。"

就像我说的，我当时并没有当社长的打算，但我真的非常热爱我们公司。面对随随便便就劝我们倒闭的常务董事，只是想反驳他而已。

此外，我还有个非这样做不可的理由。

我的父亲是这家电线制造分包母公司的创始人，这家公司是他 29 岁时在东京蒲田独立创办的。

为了避难，这家公司才转移到了父亲的故乡信州上田[1]（距离 SELCO 所在的小诸市约 30 分钟车程）。当年这里的产业主要是养蚕业，或许是受到父亲公司发展的触动，周边的公司都陆续投身电子产业。某种意义上说，父亲可能算是带动本地产业现代化的人。

父亲在事业顺风顺水的时候进一步扩建了工厂，但好景不长，父亲的公司很快被恶意并购，成为电线大厂商和大银行的囊中之物。被迫失去社长位子的父亲虽想借由子公司东山再起，可他在 58 岁的时候，于半梦半醒之间因脑血栓倒下了。

好不容易保住了一条命的父亲，后来与收购他公司的那家公司达成了和解。他在 86 岁身故之前，始终关注着自己付出一切创立的那家公司。我虽然认为父亲这样做是温柔、有责任心的，但我个人却始终咽不下这口气。

---

[1] 即长野县上田市，长野县古称信州。

第三章 从地狱深处生还：为什么 SELCO 能够死而复生

另外还有个理由，那就是 SELCO 坐落于这家电线公司的研究所旧址之上[1]。父亲留下来的雄伟建筑（当时楼龄 10 年）和 1.7 万平方米的土地，以及父兄两代构筑起的制造流程，决不能在我这里终结。况且我还有尽量不使任何一个长年为公司辛勤劳动的员工（伙伴）失去工作的使命感。

可结果，我不得不哭着把原有的 50 名员工缩减到 17 人。在驳斥了分包母公司的第二天早上，我把全体员工集合到食堂，公布了裁员名单。

虽然我当时的头衔是常务董事，但"派遣社长"不过是派遣过来的，所有的工作由我监督，所有的责任也由我来背负。

公布完噩耗之后，我走向那些曾与我同甘共苦的员工们去进行最后的问候。

我站在他们面前，望向那一张张我熟悉的面庞，泪水就止不住地掉了下来，一句话也说不出来了。这最后一场问候，就这样在沉默中结束了。

当时的不甘心、痛苦、悔恨，实在难以言喻。我在那时暗暗发誓，再也不会裁员了。

---

1 即前文提到的中学旧址。作者父亲在此建起电线公司，后由作者建立 SELCO 公司。——编者注

此外，刚才提到的分包母公司在我父亲去世后，马上就撤走了外调过来的社长，持有的20%股份也马上卖回给我们。之后不到1年，原本已经发单给我们公司的工作也全部撤回了。

但话又说回来，如果当时分包母公司继续照拂我们的话，恐怕我仍是个浑浑噩噩的人，我们公司也仍然是下包公司，绝不可能成为现在这样势头不错的公司。

而且数年后，那家分包母公司的主营业务也做不下去了，并进行了大规模的裁员。我们公司如果还是老样子，恐怕也会在那场变革中倒闭。

塞翁失马，焉知非福。这世上什么才是幸运，可能谁也说不清楚吧！

当时满满的恨意，现如今成了"感谢"。

多年后，我由于工作原因得到了拜访父亲含辛茹苦培育的那家曾持有SELCO股份的分包母公司的机会。

尽管我在去之前一度很担心，但到了之后，发现那里盖起了新的公司大楼，看起来很有活力。之前主营的电线业务早已并入其他关联公司不复存在，他们现在主要着手生产的是特殊电线或类似的特殊零部件。由于生产的是别处没有的特殊产品，所以销售情况也非常不错。

而且，他们把我父亲的旧铜像移到了新公司大楼的工厂入

/ 第三章 从地狱深处生还：为什么SELCO能够死而复生 /

口处。

关于这尊铜像，我曾因为过去的纠葛跑去跟总务部的人说："不需要的话就给我吧！"现如今，这家公司与当时已经大不相同。

适当地赞美创立者，重视与其他公司产品的差异化，营业额也在稳步上涨。父亲的在天之灵也会感到欣慰吧。

下包习性的悲哀：一味等待

我就这样满怀心事地当上了公司社长，但该做的工作是一点儿也没做。

因为，我根本不知道该做什么。

当时的我还是"打工人"心态，对经营者该做什么一窍不通。

我在那时的工作风格是，只要眼前有工作，就用最快最好的方法完成——这也算是一种比较极端的self-control，唯我独尊式地"自己的问题自己解决"。

此外，我对公司的将来、组织的形式、财务管理、经营等方面也都意兴阑珊。

后来我时不时地说"就算当上社长，也很难成为真正的社长"就是源于我的深刻自省。

如果我在国内接包时期及西部数据时期，能有一些现在的经营者的意识，这家公司的命运恐怕也会大不相同吧。不过时至今日，说这些也没意义了。

什么都不说也会有订单过来，在下包公司看来是理所当然的。这就是人们所说的"下包习性"。当时，我也以为只要默默等待，就会有新的订单砸到我们头上。

可实际上，新订单完全没有，我们的工作也越来越少。

失去三星的工作之后，每月1亿日元的营业额降到了每月3000万日元，之后，分包母公司那每月2000万日元的订单也飞了。剩下的每月1000万日元左右的营业额也没能维持住，最惨的时候月营业额只有600万日元左右。

因为我手中还有父亲留下来的那1.7万平方米土地，所以公司暂时靠租借土地活了下来。多亏那块土地的位置很好，离车站、高速公路的入口都不过10分钟左右的路程。

当时也考虑过把这块土地抵押出去，但银行不会融资给任何业绩恶化的公司。能够依靠的与其说是自己，不如说是父亲留下来的遗产。

所以我马上把负责管理父亲遗产的夫人任命为公司的董事，打算靠着遗产先撑一阵子。

/ 第三章 从地狱深处生还：为什么SELCO能够死而复生 /

然而，因为我们当时采用票据结算的形式进行贸易，所以以亿为单位的钱一下子就花光了。父亲的遗产加上我那微薄的存款全都砸了进去，只为熬过那段艰苦的岁月。

当时的我

直截了当地说，我当时对工作没什么干劲儿。

如果有新工作的话，当然从接单到交货都会好好完成，但是并没有接到新的工作。没有工作就不需要我，我就无事可做。

以泡沫经济为发端，日本经济长期不景气，产业空洞化……特别是线圈这种零部件本就是电子零部件中的低端产业，既费时又便宜。上述原因，导致以业界第一的胜美达为代表，线圈制造业务都极早地迁往了海外。

"这已经超出了我的能力范围""是时代造成了没工作的现状""又不是咱们一家这样，全世界的大环境就这样，不用着急""为什么非要我当这种公司的社长不可啊"——当时的我，完全是这种受害人一般的心态。

在当上社长的数年前，我就对船井综合研究所（咨询公司）的船井幸雄先生提出的生态环境、生存之道之类的话题很有兴趣。当了社长之后，趁着没工作可做，我对那些话题产生了更大的兴趣。

特别是温室效应等环境问题十分吸引我。我开始在不使用杀虫剂、化肥或除草剂的情况下耕作。此前，作为打工人我很少读书，也很少学习，只是不断工作。这个时期我开始热衷于思考"人类是什么，人生又是什么"这种哲学问题。

我在公司的博客上书写与工作不相关的文章，也是从那个时候开始的。

从1997年起，我就开始通过船井先生发售的名为"卡带信息"的磁带中获取各种各样的信息，我在出版上本书《站起来！中小微企业》的时候，还邀请了船井先生来做我新书发布会的嘉宾。

后来，船井综研的社长从船井先生变为小山政彦先生，磁带的内容也变为公司经营相关的话题。这回我又彻底变成"小山粉"，直到现在也在购买小山先生发行的CD。

所以，我在经营方面的思维方式，很大程度上受到了小山先生的影响。

在营业额暴跌之前，我把废弃的除尘室改造成最多可以容纳100人的小音乐厅。在那里我们举办过演唱会、迪斯科舞会等年轻人感兴趣的活动，也在那里办过"祭典"一类的活动。

/ 第三章 从地狱深处生还：为什么SELCO能够死而复生 /

因此还一度上了地方报纸，文章中还放了我的彩色近照。此外，我还上过社区电视，在举办活动方面一下子成了当地的名人。

缺啥不能缺朋友

有一天，租借了我们工厂一角当办公室的S社长邀请我去参加一家名为"日本创造教育研究所"的公司举办的学习班。学习班的名字说起来有点奇怪，叫"自我启蒙研讨会"。

S社长的公司是当时有名的创业公司，经常被报纸和电视等媒体采访，银行、投资公司、厂商等也经常造访他的公司。与我们这种客人也不来，银行也不来，谁也不来的公司形成了对比。

S社长曾对一身"下包习性"的我们说："你们必须成为研究开发型公司才行。"他给我们牵线介绍了长野县的工业实验场和信州大学工业部等机构。以此为契机，我们公司开始走向摆脱"下包习性"的道路。与S社长的交往不止于"自我启蒙研讨会"，作为朋友，我们至今仍有往来。

当时的我依旧很少关注公司，而是耗费很多精力在一分钱也赚不到的各种活动中。这样的我，怎么可能使公司的业绩有所好转呢？

分包母公司撤单的时候，我们的月营业额跌破了1000万日元，夫人也向我宣告说："你爸爸的存款已经一文不剩了。我们手里只有我的存款和你爷爷每年为孩子们存的那点钱了。"

正是那天晚上，S社长突然给我打了个电话说："请您务必参加这个学习班！"

如果是平时的话，我肯定会断然拒绝的。但那天我刚听了夫人的话，情绪正陷入低谷，实在没办法拒绝S社长那充满激情的邀约。

两周后我应S社长的邀约去参加了那个学习班。

正是这个学习班改变了我的命运。人真的是缺啥也不能缺朋友啊！

在学习班意识到的

这个学习班有40～50人参加，全部挤在一间不大的房间里。虽说学员们被要求参加的是各种各样的游戏或挑战，但所有活动流程都处于严格管控之下，学员的一举手一投足都要遵

/ 第三章 从地狱深处生还：为什么SELCO能够死而复生 /

循讲师的指示和命令，并受讲师的监督。

我估计像我这样的公司社长，一开始就被讲师盯上了。（一般来说，拿下了社长，该公司的员工也会相继参加这样的学习班）

第二天，在进行了一系列游戏般的课程之后，讲师开始进行总结。

讲师指着一同来上课的我和我夫人说："小林先生，看了您和您夫人的行动，虽然不知道贵司是什么业态业种，但能看出来，贵司正处于很艰难的时期。"

他在40多人的面前说中了我们公司的情况，对此，我一句反驳的话都讲不出。

下一个学习项目是合作伙伴对话。

昏暗的教室中流淌着舒缓音乐。

学员与开课第一天选择的合作伙伴面对面坐好，互相倾诉自己的所思所想。

在这个学习项目中，我获得了相当了不得的体验。

当轮到我发言的时候，我开始含含糊糊地说起我公司的现状，说着说着我就开始泪流不止。

作为公司的社长，在公司走到这步田地之前，我一直分心于别的事情，没为公司做过一件事。

面对公司员工，我也没有任何符合社长的言行。

在公司面临是否要倒闭的抉择时，我那将公司延续下去的决心又是怎么回事？

每一名公司员工的面容在我的脑海里浮浮沉沉，歉意涌上了我的心头。

这就是所谓的"意识"。

当时，与意识一起浮现在我脑海中的，还有"今后应该做什么"这个问题。

"对了，我们公司有技术啊！让更多的客户知道我们的技术，争取试产、开发相关的工作吧！"

"线圈的量产品单价确实是便宜得要命，所以相关业务才会转移到海外。但在日本国内，开发、试产这类工作应该还是有的。"

"之前那种人数众多的情况暂且不提，现在的 SELCO 员工很少，靠着这些小订单，总归还能活下去吧？"

这就是我脑海中一连串的"灵机一动"。

学习班结业后，我马上飞奔回了公司。在第二天的早会上，向十几名员工致以歉意。因为在学习会上说到声音嘶哑，我请大家聚集在我跟前，说道：

"非常抱歉！"

"作为公司社长，至今为止我什么都没做。"

"从今天起我会洗心革面，为公司和大家而努力工作。还

第三章 从地狱深处生还：为什么 SELCO 能够死而复生

请大家支持我！"

通过在学习班为期 3 天的学习，平时说不出的话终于能在那个时候讲出来了。

此后，我又同公司的每一名员工进行了单独谈话，并请求他们的支持。

其中一个干部那时对我说："大家都觉得社长您完全没有考虑公司，本来已经合计着要劝说您一次了。社长，您能自己注意到这件事真是太好了！"

通过这个学习会清醒过来的我想办法凑齐了高昂的学习费用，让全体员工都参加了一次学习会。

我们在学习会上学到了很多道理，比如：

"提示无数，解法无限。"

"没有自己不能逾越的障碍。"

"只要拼命努力，援手总会到来。"

通过这个学习会，从我到我的员工，每一个人的思想都发生了变化。公司全员热情满满，迈出了 SELCO 重建的第一步。

最初的推销

想要摆脱下包公司的身份，就必须向客户宣讲自家产品的优点，拿到更多的产品试作订单或产品开发订单。于是，我开始进行自己完全不熟悉的推销工作。

有时，拼命向客户进行产品说明之后，客户来了一句："我们公司用不上这种线圈啊。"

有时，向客户进行产品说明的时候，产品目录没有从客户需求的角度进行设计。

在这样不断失败的同时，我拼命寻找能与我司产品匹配的机会，只要有机会，无论是哪里我都会飞过去推销我们的产品。

就像在学习会学到的那样，只要肯努力，援手总会到来。

有一家公司的销售部门是专门经营线圈等零部件的，那个部门的 S 部长看中了 SELCO 的技术能力和灵活性。

那位部长本来是根据线圈的生产难易度、成本高低等前提选择不同的线圈制造商下单的。但当他与 SELCO 开始合作之后，发现无论下单的是难做的线圈，还是便宜的线圈，SELCO 都能按期交付高质量的产品。慢慢地，线圈相关的订单他都开始优先选择 SELCO 了。

第三章　从地狱深处生还：为什么SELCO能够死而复生

当时的SELCO，总而言之没活儿干，甚至可以说秉持着"不拒绝原则"：什么工作都不挑，工作来了就是干。

在那几乎什么活儿都没有的时期，靠着S部长的支持，我们的订单持续增加着。

那时有件事需要特别拿出来说说：东京立川边上的某个线圈制造商倒闭了，他们想让SELCO接手他们的线圈绕线机和客户。

我立马赶往那家公司，接手了他们的工作。为了搬运机器，我还开着借来的卡车跑了两趟。

对于当时几乎没有工作的我们公司来说，这个可真是件谢天谢地的大好事。

从那以后的20年，我们公司的状态逐渐好转，这项工作带来的利润也已经变得很小。可是，当时能撑下去多亏了这份工作，所以我们至今仍在持续。

在那以后我们继续笨拙地进行推销，在各种不用花钱的展会中出展，参加由几家公司组成的商务洽谈团拜访客户，打便宜广告，发布请熟人低价制作的公司主页，在尽可能不花钱的情况下持续着稳定的营销活动。我们的努力逐渐有了成效，公司的营业额慢慢地回升，总算达到了能靠自己奔跑的状态。

"及时雨"总会到来

之前提到的，劝我参加学习会的 S 社长也好，在无工可做时持续给我订单的 S 部长也罢，只要努力工作，"及时雨"总会到来。

我在公司内部发起成立了一个小组，组里有位名为 K 的人物，擅长维修电气产品。我曾找他修理过电热水壶和换气扇一类的家电产品。

后来，我委托给 K 君的修理工作不断升级，连公司的打印机、复印机之类的修理也委托给他了。而 K 君真的是什么都能修好，我对此感到不可思议，向他咨询了原因。原来他曾就任大厂商的部长，关乎电容器的知识和技术他都颇有了解，在线圈方面也很内行，所以，我就请他当了 SELCO 的顾问。

K 顾问加入之后，我们公司作为线圈制造商的发展方向发生了巨大的转变。在此之前，我们都是按照客户提供的设计图进行报价和试产，从来没对设计图产生过任何疑问。而 K 顾问则不一样，他会好好理解订单所需线圈的用途，以及订单所需线圈规格的依据，还能判断出我们公司的各种线圈制造方法是否能获取专利。

/ 第三章 从地狱深处生还：为什么SELCO能够死而复生 /

因此，从那以后的经营方针，变成了根据客户需求进行提案，同时对各种线圈生产方案进行专利申请。

专利申请书也基本都是K顾问自己写的，所以申请费用也压缩到了最低。

自那以后，我们公司就开始在研发实用新型专利[1]方面一路狂奔。

为了防止断线而设计的"圆角端子"，免去焊接工序的电磁线圈"无缝线圈"，组合了空芯线圈与线圈盒的"高性能封装线圈"，还有现在最受关注的"高密度线圈"。

也是从那时起，我们公司的名片印上了"SELCO是线圈及线圈周边技术方面的解决方案合作伙伴"的字样。

SELCO的PR[2]战略

拥有了具有自己公司特色的产品后，我开始考虑"如何让公司和产品广为人知"。20世纪90年代的信息传播平台很有限，

---

[1] 实用新型专利：三种专利类型中的一种，是对产品的形状、构造或者其结合所提出的实用的新的技术方案。其在申请专利时所需的创造性和技术水平较低，但实用价值很大。
[2] PR：Public Relations，企业公共关系、媒体关系。

正统的广告投放方式主要是如今所谓的旧媒体，比如报纸、传单、电视、广播和杂志。

如果是在报纸上打广告，最小单位是 1 天，广告位很小且收费。如果是投放电视广告，不过是在有限的期间内播放个 15 秒或 30 秒的广告，就要支付巨额费用。对此，在这些媒体上做过广告的经营者应该都感同身受。这些广告实在不适合我们这些中小微企业定期投放。

那我该怎么办呢？

我想到的办法是"成为媒体想要采访的话题，即成为新闻"。

于是，抱着试试看的想法向报社发送了或许能被新闻稿采用的信息。报社每天都忙于搜集能成为新闻的素材，只要内容有点意思，就很可能被他们选中发到报纸上。

我到处搜寻各家报社的传真号码，把我们的新技术传送了过去。不出所料，《日本经济新闻》长野站的记者给我们打来了电话。

"我想下周一去贵司采访，请问是否能安排时间？"

以此为契机，我开始将各种信息尽可能地发给更多的报社。

以日本经济新闻报社为开端，信浓每日新闻报社，日经产业新闻报社，日刊工业新闻报社、电波新闻报社……在 3 个月左右的时间里，我们公司的各种技术创新被这些报社的地方版、全国版合计报道了十几次。

这些报道产生了巨大的反响，此前根本不把我们放在眼里

/ 第三章　从地狱深处生还：为什么SELCO能够死而复生 /

的各大厂商纷纷联系我们咨询试产。

各类展会也起到了很大的宣传作用，以高密度线圈为中心内容投放的业界报纸广告也颇有成效。

我们公司最早的杂志广告是投放在东京的B2B广告杂志上的，这本杂志主要以东京和关东圈的企业为核心读者群。

我的朋友对我说，这家杂志的广告便宜有效性价比极高，我就厚着脸皮去申请投放了。[1] 没想到杂志社居然通过了我的申请，此后若干年我们都在通过这一广告渠道获取客源。

现在做广告都需要有个官网主页。

对广告有兴趣的客人几乎一定会去主页查看这家公司的详细信息。

下面来讲讲我在主页制作方面的心得。

首先，在主页大量刊载色彩鲜明构图巧妙的产品照片。

客户在网页寻找商品的时候，最先注意到的就是照片。如果照片展现出来的产品接近客户内心的需求，他们才会考虑继续浏览。

其次，完善公司信息和产品信息。

客户浏览公司主页时还会看看这是家什么样的公司，了解一下资本金、员工数、发展历程、设备、工厂等信息。之后，

---

[1] SELCO所在的长野县属于日本中部地区，不属于关东圈。

才会进一步细读产品介绍，如果对公司和产品十分感兴趣，甚至还会看看社长致辞、公司方针这些内容。

鉴于此，我们在公司网站里设计一个叫"要不要怀疑一下常识"的网页，这个页面意在简单易懂地说明我们公司生产的线圈的特征。

此外，我们还建了一个名为"会长的房间"的博客，里面全是我写的文章。很多客人都会去阅读这个博客。

所以很多客人到我们公司访问的时候，一见到我就会熟络地打招呼说："啊，您就是会长吧？"这个博客记载的内容都很个人，里面有我的各种失败谈，也有我的各种直言快语，但喜欢看我博客的读者似乎还挺多。

在展会、杂志广告看到了我们公司的信息，于是就去浏览公司主页，然后进一步联系我们咨询——这是我们公司最标准的集客流程。

后来，我们公司的杂志广告和参展活动都交给了名为Antrum的广告代理公司打理。现在的主要广告活动是在行业杂志《日经制造》上刊登广告，并参加以Antrum广告代理公司为中心的，每年两次分别在东京和大阪举行的展会。

这家广告代理公司的社长K先生是我的朋友，他的夫人与我的夫人也常有往来。

/ 第三章 从地狱深处生还：为什么SELCO能够死而复生 /

就这样，原本7年来几乎只依赖于一家分包母公司的小公司，在1年之内，完成了产品的试产、量产和除此之外的一些工作，实现了与130家公司的合作。

知晓自家公司的长处，掌握独一无二的技术

与PR一样重要的是自家公司独一无二的"卖点"。比方说我们公司吧，我们的卖点就是"高密度线圈制造商"，我们的独有技术就是我们的宣传语。距今十六七年前，前面提到的S部长与我们公司的A营业技术部部长（负责非接触式充电相关业务，现为常务董事）一起去日本的东北地区出差，想要把我们的线圈推销给仙台的N公司。

那家公司是半导体曝光装置的制造商，当时刚好想要占积率（线圈横切图的电线占比）在90%以上的空芯线圈（没有线轴的，电线绕出来的线圈）。

那时候，通常都认为线圈就是要绕得越快越好，可我们公司的S君（现开发室长、董事）无视这种线圈制造商的常识，满腔热情地执着于绕出完美对齐的线圈。

普通的空芯线圈占积率差不多在70%左右，而他绕出来的

线圈能达到80%以上，最高能达到87%。在那时可以说是前无古人的完美对齐线圈了。

但是这还不能满足客户的要求，他们要的是占积率90%以上的空芯线圈。

放弃还是不放弃？

就像在日本创造教育研究所所说的那样——"干还是不干？"

我们公司的员工没有放弃。

我们试着用塑料铸型的模具挤压这些完美对齐线圈——这可是线圈制造界前所未有的制造方案：对于我们这些线圈制造商来说，不弄伤铜线表皮的涂层是原则性问题。

最后，我们颠覆了常识，制造出了占积率92%的线圈。我们的努力理所当然地得到了客户的认可，公司开始与这家半导体装置制造商N公司展开合作。

而大家所担心的线圈皮膜完全没有被损伤。那些一台就价值数亿日元的半导体曝光装置的步进电机线圈，在此后的十几年中一次事故也没发生过。

让我来稍稍说明一下这个压缩技术。

我们公司获取了这种压缩线圈的制造专利。

但从那以后的十几年来，除了N公司以外，几乎没有客

/ 第三章 从地狱深处生还：为什么 SELCO 能够死而复生 /

户需要这种技术制造出来的线圈。因为在线圈制造业，挤压线圈这种行为是超出常识的。大厂商的技术人员都不敢采用这个方案。

线圈与金属丝不同，铜线的表面覆盖着被称为绝缘皮膜的保护膜。就像流着水的软管，只要破个小洞水流就会喷出来一样，电线的皮膜如果有损伤，就会漏电，线圈也就废了。

所以，相关技术人员通常会尽可能地选择不损伤电线皮膜的设计方案。

大家会戒备这种与理论完全相反的"挤压线圈"的方案也是理所当然的。我们的前辈们也曾明确地对我们说过："绝对不能挤压线圈。对待电线要像对待生鸡蛋那样才行！"所以，我们心里非常明白打破这一禁忌的风险有多高。

所以，客户不会贸然下单。这一技术要为业界所接受还需要相当的时间。

不过，我们公司在进行过各种实验之后，发现了一件事：目前的普通线圈（占积率70%左右）在绕线的时候多少都有些偏转和歪斜，如果进行压缩的话，那些偏转歪斜产生的褶皱很可能导致破损发生。我们公司生产的占积率85%以上的高密度线圈与此不同的是，线与线之间的空隙非常均匀。这样的线圈被压缩之后皮膜虽然会变薄，但不会破损。

铜线是非常柔软的，受到挤压后，电线会由于塑性变形，变成如图 3-1 所示的蜂巢形状。

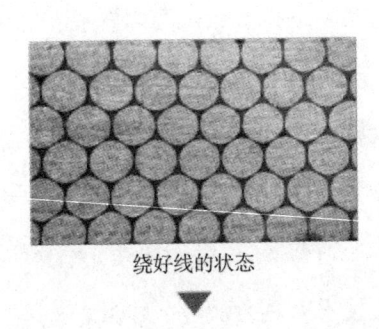

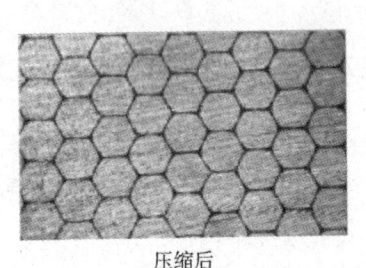

绕好线的状态
▼

压缩后

图 3-1 线圈对比

电线皮膜这种东西，很容易被尖锐的东西刺破，但如果是均衡受力的话，其实是有很好的耐压性的。最近虽然有客户对压缩率提出了更高要求，但我们公司还是推荐占积率 90%～92% 的压缩方案，因为这样才能保证皮膜有足够的厚度。

从那以后我们又经过了数次试产，提高了这项技术的熟练度和产品的安全性。

2019 年，在日本能率协会于幕张举办的展会——前沿技术"电机技术研讨会"上，我作为我们公司的代表发表了题为《高

/ 第三章　从地狱深处生还：为什么 SELCO 能够死而复生 /

密度压缩·成型线圈》的演讲。以此为契机，这一技术才得到了业界的承认，各家大型厂商纷纷跑来询价。

在压缩线圈方面，我们还有新的追求，即通过采用扁平电线来代替圆柱形的电线，制造出密度更高的线圈。

这种线圈名为阿尔法线圈[1]，占积率几乎可以达到100％。

常规的线圈是从内侧绕起从外侧绕出，被称为外部线圈，而阿尔法线圈则是绕组始端和末端的导线都在外侧（如图 3-2）。

压缩高密度线圈

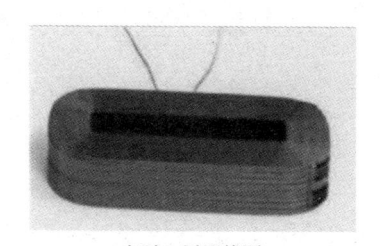

扁平 α 层压线圈

图 3-2　压缩高密度线圈与扁平 α 层压线圈

1　阿尔法线圈：因它的两根引出线均在线圈外侧，形似字母 α 而得名。阿尔法线圈是一种单线双层线圈，先从外向里绕制，第二层从里往外绕制，双层由同一根导线绕成。

按照常规的绕线方式，当绕线进行到下一层时，电线无论如何都会有一个"跃层"点（交叉点），这也就是限制线圈完美对齐的瓶颈。而阿尔法线圈没有交叉点。

可是，这种线圈也有一个缺点：只能绕两层。

为了解决这个问题，我们公司将数个两层线圈贴合在一起连接起来，合并成一个线圈。

我们把这一技术展现给 N 公司之后，没等我们报价他们就发来了批量订单。

这个技术就是这么有冲击性。

此后十几年，都没有在占积率方面胜过这种线圈的产品。这是独一无二的技术。

从"灵光乍现"到"大订单"

从那以后，我们公司不再接受普通线圈的订单。

而是以"高密度线圈制造商 SELCO"这个身份，怀着对自己公司线圈绕线技术的自信接待客户。

"人的欲望永无止境。有过一次好的体验、用过一次便利的产品，就很难回到过去了。所以人类唯有不断进化。"

第三章 从地狱深处生还：为什么SELCO能够死而复生

"恐怕在使用过一次本公司生产的线圈之后，您就很难接受比本公司的产品质量差的线圈了。"

"就算我们生产的线圈很难被大众接受，只要有喜欢新事物的公司敢于尝试，并因此发展出了新的特性或功能，这家公司的产品就能与其他公司差异化，而这家公司的竞争对手也就不得不开始使用我们的线圈。"

"所以，即便要耗费很多时间，这种线圈总会渗透到各处，慢慢地传遍整个世界。"

这就是在我脑海中浮现出的"光明前景"。

不过，我们公司的线圈果然没那么容易被大家接受，因为其价格比普通线圈要高。

那段时间，Y公司看中了我们公司的高密度线圈，下了一个订单，内容是制造一种贴片机（将电子零部件自动排列到主板上的装置）所需的直线电机（使装置运转的发动机）线圈组件，这种线圈组件需要将24个线圈排成2列。

至于Y公司了解我们的契机，那是距今差不多13年的事情了。我们公司的外聘销售S先生（在埼玉县的家里办公，并在埼玉县展开推销活动）查到了Y公司总务部的电话号码，拜访了他们的技术人员，一切都是从那次典型的"上门推销"开始的。

随后，A部长（现常务董事）接手了对接Y公司的业务。与Y公司附近那些"既近又快又便宜"的线圈制造商不同，我们公司地处长野县的偏远乡村，单程要5个小时的车程，可谓是既远又慢，报价又高，所以双方始终没把合约谈下来。

最后还是Y公司的课长[1]拍板决定就采用SELCO的高密度线圈，才终于把合约定了下来。

那为什么这位课长选择了我们公司的线圈呢？因为Y公司想要的是24个线圈排成两列的方案，普通的线圈外侧会膨胀，就无法整齐地并列摆放。只有我们公司的线圈能够做到整齐摆放，满足他们的需求。不仅如此，我们公司的线圈磁性更强，能提高Y公司产品的性能。

后来，Y公司运用了我们公司线圈的产品大受欢迎，也给我们公司带来了很好的业绩。

之后我们调整了业务流程，把采购电线、线轴的业务，以及绕线和接线的业务都交给了本公司并购的大连工厂，后面的流程则在日本国内进行。

---

[1] 课长：职务名。日本企业管理体系中，职权由小到大，依次为系长（相当于中国企业中的组长）、课长（相当于中国企业中一个科室或部门的负责人）、部长（相当于中国企业中大部门的负责人）和社长（公司负责人）。

/ 第三章　从地狱深处生还：为什么SELCO能够死而复生 /

智能仪表：社会基建项目的订单

那之后又过了几年，一个与数字化电表相关的社会基建项目找到了我们。

此前各家各户的电表都是像机械钟表一样用转动的指针来示数的，每个月由专职人员上门查抄电表数据。安装新装置后，就可以用数据通信的方式搜集各家各户的用电量数据，省去上门查表的工夫。

这一装置最重要的功能，就是管理各家各户的买电（从电力公司购买的电）、卖电（通过太阳能发电卖给电力公司的电）。而用于监测这些电量变化的，是东京电力公司的功率传感器。这个功率传感器组件的制造则交给了我们公司。

一般来说，像这种社会基建相关的工作都会委派给有一定实绩和规模的公司，轮不到我们这种小企业。

当我提出这一疑问的时候，项目负责人表示："虽然当初我领导来贵司访问的时候面露难色，但只有你们能制造出这种传感器特性参数的线圈，所以我就强烈地推荐了贵司。"

电感量精度作为电感线圈特性参数，一般要求是 ±5%。但这个项目对传感器电感量精度的要求比一般要求更高，为 ±0.5%。从线圈制造业的常识来看，这简直是强人所难，但我们公司靠着积累下的各种经验和知识达到了这个要求。

这笔线圈组件的订单，对我们从市值3亿日元的公司成长为市值10亿日元的公司起到了很重要的作用。

在那之后，一家生产摩托车零部件的公司向我们委托了一项新的工作——问哪都说做不到的电子悬浮线圈。作为"为人所不为，能人所不能"的公司，我们接下了这个挑战。我们与附近最优秀的模具公司合作，耗费了大量的时间和人力，最终做出了这种线圈。这种线圈后来也成了支撑我们公司的顶梁柱之一。

来找我们下单的还有做钓具的公司，他们想做一种将小型发电机连接到渔线轮上，并在钓鱼线或鱼钩碰到水时自动制动，以防止鱼线缠结的装置。这种采用了我公司最新成果"模压线圈"的装置在美国大卖，销量达到他们公司销售计划的10倍以上。这在他们公司创立以来还是头一次。

像这样，认可我们技术的公司，不得不采用我们技术的公司不断出现，都成为我们的大客户。而我们的营业额也随之上涨。

不过，我认为我们公司如今才站到起跑线上。

随着EV化的发展，高效率发电机的需求也会增加，而我们公司需要进一步提高技术水平的时刻也会随之到来。

/ 第三章 从地狱深处生还：为什么 SELCO 能够死而复生 /

冒险革新

我们公司摆脱了重视成本的世界，以制造完美线圈为己任，完成了以下多项技术革新。

①弯折弯曲：打破了"线圈不能弯曲"的业界常识，在保证尺寸精度的情况下，生产出了各种形状的线圈。

②压缩线圈：颠覆了"线圈不能挤压"的线圈制造常识，创造了一种通过压缩提高占积率的制造方法。

③模压线圈：打破"线圈规格无法追求尺寸精度"的常识，使线圈与其他模制品、压制品一样，达到了可以追求尺寸精度的程度。

开发这种模压技术是从一家有名的汽车制造商委托我们试产样品开始的。这个项目选用的是非常优质的电线，但在马上进入实装量产的阶段被叫停了。虽然很遗憾，但可能是为了"安全第一"不得已的选择。

现在采用的是一种分段式的方案，不用线圈绕组，而是将带有固体绝缘涂层的扁铜线绕出需要的形状，然后一根一根地焊接成线圈形状。

不过，要是考虑到发动机效率的话，采用我们公司生产的线圈能将效率提高 10% 以上。如果有需求的话，我们公司的技术人员也很可能开发出更高效的线圈。

但要是讲到安全性，电线皮膜的厚度就非常重要了。

就像前面所说的，我以前十分看重占积率，但现在我不再追求96％的占积率。因为占积率90％左右的线圈，其效率已经比分段式方案高出10％了，而且可以保证电线皮膜的厚度，确保安全，所以我们通常都推荐客户采用占积率90％左右的线圈。

像"模压线圈"这种前所未有的产品是很难轻易被接受的。找我们公司试产样品的顾客很多，他们对样品的评价也非常高，但这些试产项目带来的量产订单却寥寥无几。

可喜的是这些顾客都达成了与竞品的差异化，提高了营业额。

瞻前顾后是无法创造出新产品的。

不计时间花费，为人所不为，能人所不能，才能带来革新。

客户需求是发明之母

客户总有各种各样的需求。

我们这样的公司也会接到与时代最尖端技术接轨的工作。

第三章 从地狱深处生还：为什么 SELCO 能够死而复生

通过各种线圈试产业务，我们就可以了解到世界的发展方向。

正所谓"客户需求是发明之母"。

只要能够进入这种良性循环，就不会落后于世界的动向，就能引领业界的发展。

所以，我在轮到我主持周一早会的时候，不止一次地表示：

"我们公司是领跑型公司，一旦觉得'这就行了'，公司就会马上走下坡路。我们必须一心一意地占据领跑位置才行。"

无论公司持有多少秘密专利和技术，总会有其他公司追赶上来。

我们今后不得不着手进行绕线、弯曲、压缩、成型、绞合线绕线等工序的自动化工作，以及技术升级。

无论是为了目前的试产效率，还是为了应对客户的量产需求，都需要我们将特殊工序自动化，制造出更便宜、更优质的产品。

这就是所谓"专业作业的自动化"。

如果能实现这一目标，就能够更高效地生产出高品质的产品，这样一来，竞争对手就很难追上我们了。

如果后有追兵，那就跑得更快更远。

下面我就来讲一讲我们公司的生产体制。

SELCO的外部生产战略——无产线化?

我们公司在这20年来经历了柳暗花明,峰回路转,终于走到今天。

当公司经营趋于稳定的时候,我们主要的工作内容是N公司委托的半导体曝光装置用线圈和Y公司委托的贴片机用线圈,全是与半导体相关的产品。半导体产品的需求量波动很大,形势好的时候倒还不错,一旦形势不好,颓势挡也挡不住。所以公司的经营也很难真正稳定下来。

我们公司也开展过海外业务。那还是在二十四五年前的硬盘时代,我们想在泰国开展业务,结果十分失败。带着那时的心理阴影,我们只在日本国内生产方面努力。

但是,只靠日本国内的工厂的话公司没法稳定化经营,日本大厂商也不会考虑将量大的订单交给只在国内生产的制造商。所以,为了营收增长,也为了公司的稳定,我们不得不重新考虑在海外建立生产线。

于是,从中国大连陆续过来实习的三名员工正式回国的时候,我们启动了在大连的生产项目。

这些实习生都接触过N公司委托的高难度工作,所以在大连首先开始生产的就是提供给N公司的线圈。不久之后,提供

/ 第三章 从地狱深处生还：为什么SELCO能够死而复生 /

给Y公司的线圈生产业务也交给了大连工厂。

此外，一度失去联络的哥哥和他儿子在泰国搞起了一家制造公司，这家公司有着完善的生产系统，并拥有300多名员工。

戴森最早的吸尘器用线圈就是在那边生产的。因为戴森那单做得很漂亮，所以后来成为我们公司主要业务的智能仪表用线圈、钓具用线圈，都交给了泰国方面制造。

开在中国、泰国的这两家工厂都是以"日本品质的海外生产体制"为基准进行生产的。

同时，我们在日本国内也找了一些工厂进行合作，推进外部生产。通过建立母工厂的模式，谋求日本国内生产的稳定化。母工厂模式就是先在公司内部进行一定程度的量产，使作业流程成熟之后，再将生产转移到合作工厂进行。

总的来说，我们公司的做法是尽可能地减少员工数量，本部以销售和试产为主，从试量产开始都交给合作工厂完成。看起来似乎是家去工厂化公司，但我们本质上还是一家制造商。

想要实现上述模式，最重要的就是能够试产出让客户满意的产品的技术人员，以及能将试产品量产化，并能把量产工作成功转移到合作工厂的技术人员。

目前我们仍然在培养这种能够完成这一系列工作的技术人员。

今后，公司内业务必须实现自动化，所以我们也在费心培养这方面的人才。

依靠这一系统，我们拿到了之前拿不到的量产大单。

劳动集约型业务不适合在日本国内长期、大量地开展。因此最好要实现自动化、机器人化，但暂时实现不了的时候就要"走出去"。而生产海外化最重要的一点是"有没有你能够信任的海外工厂"。

增加客户，分散风险

还有一个非常关键的点。

那就是摆脱收入全靠一家公司的模式。

我们公司在打印机时代、西部数据时代、三星时代，都是主要靠一家公司的订单过日子。

所以一旦那家公司不再派单，我们就会陷入无工可做的境地。

我因一念而奋发图强，力图复兴的时候，由于过于专注工作而没有意识到，智能仪表那个大单当时占了我们营业额的近七成，一时间我们的状态近乎依存于一家公司时的情况。当我

/ 第三章 从地狱深处生还：为什么SELCO能够死而复生 /

乐观地认为"这个工作与社会基础设施建设有关，订单应该会持续一段时间"的时候，因为承接了这一政府项目的厂商在第三年没中标，单量在第三年急剧减少。

那时，我想起了依存于一家公司的恐惧，所以我们公司第二年的目标就是重整旗鼓，增加"顶梁柱"。

那时，钓具和摩托车的相关业务已经定了下来，来自Y公司的定金也有所增加，所以可能成为"顶梁柱"的业务已经有了眉目，智能仪表的营收占比也回落到了30%～40%。

两年前的疫情对Y公司的钓具业务产生了毁灭性的打击。但瑞士的医疗器材公司M为了特殊需要找到我们，助我们创造了20年来最高的销售额和利润。

接受各行各业的委托，拥有众多的"顶梁柱"，是一家公司稳定经营，持续发展的必要条件。

杜绝强行推销

现在我们公司，原则上来说是不会搞"上门推销"这一套的。我们现在通过在《日经制造》等媒体发布广告和参加相关展会，以及不断完善公司主页，已经能够尽可能多地把我们公司的信息传递出去了。

以后我们还会完善公司主页的英文版，建立起对接海外业务的体制。上门推销的行为会使我们处于弱势地位，在价格、条件方面都不利于谈判。

所以我们现在的风格是"坐等好消息"。

现在是互联网时代，客人如果想要了解什么技术或信息，只要在网上搜索一下，几乎100％能够找到自己想要的技术和信息。

所以，"公司主页简单明了地说明自家公司的技术特点"就成了非常重要的一件事。

我现在也会查看来自网上的询单。

请对方发来要件（产品用途、设计图等）之后，再决定下一步由哪位员工来负责。

与我们公司的压箱底技术——模压和弯曲加工——相关的业务，我都会亲自负责客户对接。这类业务的甲方大多与汽车制造有关。我通常会询问对方："您是只想做个试产品看看吗？""考虑量产吗？""量产化的商业模式打算怎么办？"

能够左右公司未来的因素很多，所以营销方面由我来对接。

还记得之前负责非接触式充电相关业务的常务董事A吗？

常务董事A与各种各样的厂商打过交道，进行过无数次试

第三章 从地狱深处生还：为什么 SELCO 能够死而复生

产，也与很多大学都有往来，并从那里获取到很多最先进技术的信息，所以在这方面见多识广，消息灵通。

我们公司主页上详细介绍了这些技术信息，看过这些信息的客人才会下单给我们。如果不是特别想要合作的公司，我们基本上不会搞上门推销。

营销的另一个要点则是"不追着客户推销"。

需要我们公司技术的客户，自然会积极地接触我们。

客户觉得不行的话，再怎么追着客户推销也是白搭。

好好向客户说明自家的产品之后，静静等待也是很重要的。

由于产品说明不充分而导致客户流失就太可惜了。

看到我们公司的信息后，过了很久才找上门来的客户；

一度失去了联系又回过头来找我们的客户；

突然联系我们说想来拜访的大企业；

……

我们一心一意地等待着各种客户的联络。

趁着对方感兴趣的时候占据主动地位，是销售的本职工作。但我们这样的中小微企业很少有这样厉害的销售人才。

有必要的时候，像我们一样雇佣经验丰富的外部销售，或者与有影响力的贸易公司联手也是很不错的选择。在做海外业务的时候，语言、习惯、收付款等都是问题，所以经由贸易公司来做也是挺不错的。

自己做不到，就寻求其他公司的帮助……这是我们中小微企业的经营之道。

赋予海外生产日本制造之魂

就这样，我们公司生产的高密度线圈渐渐打开了知名度。下一步要考虑的就是如何稳定地生产高品质的产品了。

无论制造产品所采用的技术有多么高超，只要品质不稳定，或不能按时交付，就会失去客户的信任。就不能说我们作为专业公司能生产出品质优良的产品。

来说说我们公司的海外工厂吧。

我们在中国大连的生产工厂是与当地一家公司合资设立的，负责管理的高管也都是当地人。除了我兼任那边的总经理（社长），一个日本员工也没有。

这家大连工厂经手的产品包括瑞士医疗器械厂商需要的线圈。该线圈是要用在人工呼吸机的马达上的，由于新冠疫情的影响，2020年2月—8月这6个月，这家瑞士医疗器械厂商给我们下了异乎寻常的大量订单。

当时大连工厂只有18名员工，但工作量急剧上升到之前

第三章 从地狱深处生还：为什么SELCO能够死而复生

的5倍以上，所以我们不得不开始考虑包括增加临时工的人员扩招方案。我们的员工中也有一些人喊了自己的家人或熟人来帮忙，将打包装箱、发货这类简单的业务委托给他们。运用大家的智慧，我们总算搞定了这次极端增产的需求。

他们几乎每天不眠不休地对接客户，才满足了客户的所有需求，就这样熬了大约半年。到第六个月的时候，他们也实在熬不住了，直呼"好累"，但大家拼命完成工作的姿态深深感动了我。

我从来没对大连工厂下达过任何指示。

他们是自己思考，自己下功夫，团结协作渡过了难关。这是非常重要的。

或许对"工作"的认知由于文化差异会有一些区别，以前我对中国部分工人较为主观的印象是自主意识相对欠缺一些，因为我常听熟识的经营者们说，中国的工人在看到管理者和看不到管理者的情况下，工作态度会有所区别。但通过这次考验，我意识到了此类想法的偏颇。

我们公司的大连员工们全都自主自发地在推进工作。除了强烈的主动性，我认为，这与管理者的领导能力和制造精神可能也不无关系。我认为，从日本向海外转移产线的时候，必须要把日本制造的工匠精神也带过去才行。

与供应厂商之间的信赖关系

我们公司海外工厂自诩为"日本品质的海外工厂"。

但,说易行难,实际上,在海外实现与日本一样的生产制造模式,几乎难于登天。

可以说,健康的海外生产依赖认真负责做品控的管理者,以及与生产一线的信赖关系。

为了满足这些条件,必须培养出日语水平优秀,且能力很强的当地管理者,不然就要管理者自己跑到当地与当地员工构筑起信赖关系。

如果是资本雄厚的大企业,试错几回之后总能招揽到优秀的人才,尽力整顿好环境。但中小微企业就没那么多试错机会了,基本上失败一次就全盘皆输。因此,日本的中小微企业必须慎重地用正确的方法开展海外事业。

无论是日本国内还是国外,与供应厂商之间的信赖关系都很重要。因为,若是在日本国内,无论发生什么问题都可以马上奔赴现场解决问题,但若是在国外,像是这次新冠疫情的情况,就没办法马上飞过去解决问题。

第四章

将EV时代变成新的机遇

趁一切都还来得及

据说进入电动汽车普及的 EV 时代，不再需要发动机，现在的汽油动力汽车上 40％ 的零部件都不再被需要。

迄今为止，虽说日本国内的汽车制造业几乎没被泡沫经济崩溃之后的产业出海所影响，但 EV 化的浪潮恐怕会给他们带来迎面痛击。

"就算你这么说，一时半会儿也还到不了那个时候吧？"

"到时候再说吧！"

现在可不是悠闲地说这些话的时候。

我们公司曾经身在大型打印机厂商的保护伞下，毫无危机感地经营了差不多 20 年，还不是突然就没了订单，陷入不知所措的境地。

用人类的病症来打比方的话，这就像是心脏病发或者脑卒中一样，基本无计可施。

但只要我们现在开始着手应对，还有很大的存活机会。

因此，我们要极尽人事，并掌握 EV 化的现状，正确把握世界切换到 EV 时代的时机。

如果感到不安，不要试图忘记不安，而是要正确地认识不安的本质，并尽快消除产生不安的因素。

各国的情况

进入 2021 年，美国总统拜登带领美国重新加入巴黎协定，提出发展清洁能源的政策；而日本的菅义伟政府也表示要"以到 2025 年实现碳中和为目标，将全球变暖对策与经济增长联系起来，制定并大力推动清洁能源战略"，并看齐欧美，制定了将购买电动汽车时提供的政府补助金提高到最高 80 万日元等政策。

此外，作为应对全球变暖和城市地区空气污染的对策，世界各国的车辆监管范围从传统的汽油和柴油汽车，扩张到了混合动力汽车和插电式混合动力汽车。其中，欧洲是无汽油、无柴油动力汽车的中心，德国、英国和法国都计划在 2030 年到 2040 年这段时间内，禁止销售新的汽油动力汽车。而美国加州

/ 第四章　将EV时代变成新的机遇 /

计划从2035年开始禁止销售汽油动力汽车和混合动力汽车。

在日本，由于火力发电占比较大，考虑到制造电动汽车，特别是制造电池的时候会产生大量的二氧化碳，所以丰田集团的丰田章男社长曾主张汽车电动化与二氧化碳的减排没什么关联性。可到了2021年年末，丰田汽车突然宣布："丰田计划到2030年将每年销售350万台电动汽车。"

本书撰写之时，法国已经卖出了11万台电动汽车，平均每台售价400万日元，而政府会补贴100万日元。法国全境有6万个充电桩设置在街边等地，实现了低价格高速充电，情况与日本大不相同。

德国的梅赛德斯奔驰也宣称到2030年，旗下全车型都将EV化。

另一方面，大众和丰田虽然在争夺世界销量第一的宝座，但其柴油发动机的二氧化碳减排问题已迫在眉睫，而德国举国上下都在为实现EV化而努力。

这样下去，如果丰田能够早日推出电动汽车并稳步取得成果，就能在汽车行业领跑世界。以德国为首的欧洲，恐怕都想要靠EV化来改变汽车市场的局面。

英国要求，自2022年起新建住宅和商业设施都必须设立充电桩，并计划在2030年实现禁售汽油动力汽车和柴油动力汽车，而中国也在积极推广电动汽车。

美国明显是想要保留使用本国页岩气的汽油车。可是，美国也有一些像加州一样积极地以削减二氧化碳排放为优先级的州。拜登政府制定清洁能源政策，提出到2030年实现在美国销售的半数汽车为电动汽车的目标。

电动汽车是不是真的对环境友好这点尚有争议，但在汽油动力汽车被当成全球变暖的罪魁祸首的时候，EV化的浪潮就不可能简单收场，而是继续发展向前。

现在的电池

电动汽车普及过程中最大的课题就是电池。

各公司的电池性能各有千秋，但通常的续航距离在320km左右，大容量的也就是450km左右。[1] 与汽油动力汽车或是混合动力汽车相比，这续航实在是不太行。虽说多加点儿电芯汽车就能跑得久一点，但还有车体重量和成本问题需要考虑。

另外，虽然最近已经得到了大幅改善，但电池还有个容量

---

1 原书出版于2022年。截至2024年，标榜具备"1000km超长续航能力"的电动汽车电池层出不穷。——编者注

/ 第四章 将 EV 时代变成新的机遇 /

衰减的问题需要解决。

以为能跑个 300km，结果只跑了 250km 就动不了了，附近还没有充电桩……像这样的情况一旦发生，就失去了购车的意义。

我以前购买的智能手机也是这样，用了 3 年之后，看起来已经充满了电，但实际上连一天也撑不下来。这种担心手机电量的焦虑使我倍感压力。

后面我又购买了新手机，目前来看，新手机的电池几乎没有衰减，也就是说，电池品质的差异还挺大的。

现在的电动汽车基本都是采用锂电池来提供动力，所以认为汽车其实是锂电池的延伸也不为过。

其实我这人特别喜欢新事物，但考虑到供电设施等问题，实在没有购买电动汽车的欲望。不过，我现在的爱车是普锐斯。前一辆车也是普锐斯，我记得那是辆二代普锐斯，买了之后经常听人说：

"哎呀你花 100 多万买这个车干什么？不到一年电池就不行了！"

可是我的普锐斯在 13 年里跑了十几万公里，电池容量的衰减也很小，总之一点儿故障也没有。所以我对丰田的电动汽车满怀期待，同样是电动汽车，丰田制造很可能会与众不同。

总之，EV 化的关键就在于电池技术的革新。

全固态电池的情况

报纸上说，田村制造所自 2019 年开发的最大电流容量为 25mAh 的全固态电池即将投入量产。听说助听器、机器人等位置控制机器、工厂的 IoT 产品都准备采用全固态电池。不过这种电池大概短期内只会用在智能手机等低电量需求的产品上，离驱动汽车还远得很。

此外，东电化、FDK、太阳诱电等零部件公司都开始着手电池的早期开发，但似乎也都与小容量电池相关。

欧洲诸国、中国的固态电池开发比日本晚很多，他们更注重的是锂电池的超级工厂化。美国的特斯拉更是率先建立起了生产锂电池的超级工厂。

丰田汽车自然也在积极开发全固态电池。2020 年，他们已经实现了全固态电池驱动的汽车的试驾实验，今后还会投入 2 兆日元来推进相关开发。

/ 第四章 将EV时代变成新的机遇 /

此外，日产汽车、日立造船等正在与三菱、雷诺合作，力争3年内完成全固态电池在汽车方面的应用。本田也在进行这方面的开发研究。不过无论是哪一方，目标都是在2025年或2030年实现商业化。

据说，全固态电池具有安全性很高的优势，而且汽车的续航里程也会达到现在的两倍以上，同时充电时间会缩减到现在的1/3至1/2。如果这种全固态电池能够实现在汽车产业中的商业化，电动汽车的世界很可能会发生巨大的变化，电动汽车的普及速度也会大幅提高。但同时，各种原材料（钕和铜等）的供应跟得上吗？这也是一个课题。

无接触式充电

与电池问题同时存在的还有供电系统问题。

为了促进EV化，设置足量的供电设施就变得很必要了。现在的日本，充电桩并不常见，想要像加油站那样遍地开花，恐怕还要花费很长时间。

其中有一种技术名为"无接触式充电"。

是一种不用把充电线插入汽车，单靠电磁感应将电力从地

111

面传送给汽车的技术。

这种无接触式充电也要使用到线圈。

这种线圈被称为绞合线，与单纯的一根电线不同，从绕线到后期的组装需要各种加工技巧才能生产出来。

因为这种技术可以被应用到无接触式充电中，所以有不少厂商都来咨询过我们，并下单试产。

无接触式充电是响应 EV 化"高效充电"需求而产生的。

比方说，在便利店停车场，可以将车停在配备充电设备的停车位，在购物的时候顺便充个 10～15 分钟的电；又比方说，即使在充电站，也只需将汽车停放在适当的位置即可充电。

甚至还有一些大公司的技术人员和大学的研究人员在思考，是不是可以让汽车一边在路上跑一边充电。这话听起来如天方夜谭，但似乎也并不是毫无依据的。

举例来说，在城市里，如果在红绿灯前 30m 左右的地方，或者公交专用道铺上输电线圈，就不用在家给汽车充电了。如果是在高速公路上每隔 100m 铺上线圈，以时速 100km 的速度驾驶就能给汽车充电了。

说不定丰田在东富士市的城区已经搞起这种道路充电实验了。

如果这一设想能够实现的话，就解决了相当一部分的电池问题。

因为那样就不需要太大容量的电池了。根据最新研究，这种边驾驶边充电的系统是 EV 化的要件之一。

我们要明白，这些动向都会加剧业界的竞争。

日本主要厂商的动向

2021 年，是各大汽车制造商遭遇新冠疫情，供应商零部件供应停滞和半导体短缺的一年；也是为了满足全球对碳中和的需求，陆续宣布针对电动汽车进行各种投资开发计划的一年。

丰田章男社长在 2021 年 12 月发表的至 2030 年的商品计划中，表示要强化对 BEV（电池式电动汽车）的开发和投入，总研发经费 8 兆日元中约一半都将投入电动汽车的开发中去。并且，在丰田集团 2030 年预计生产的 1000 万台汽车中，将有 35％是电动汽车。

2021 年底，日产汽车发布的《日产汽车 2030 愿景》中提到，之后 5 年会在汽车电动化方面投入约两兆日元的资金，到 2030 年将会有 15 种电动汽车投入市场。本田则计划自 2030 年起，面向中国市场的新型汽车都采用混合动力或电池动力，并建立一个全新的电动汽车专用品牌"e：N系列"，并在未来的5年内开发10种新车型。

似乎每一家汽车厂商都制定了一个以2030年为转折点的战略。

众所周知，美国的特斯拉势头很猛，电动汽车销路很宽。他们在中国上海的工厂也走上了正轨，通过生产自动化，特斯拉汽车在成本大幅下降的同时增加了续航里程，很大程度上提高了汽车的品质。今后在日本贩卖的特斯拉也会变成上海制造。根据特斯拉发布的信息，"2021年特斯拉的全年销量为93万6172台，比去年同期增加了87%"，但与世界上的9家主要汽车制造商的销量（合计9000万台）比，特斯拉还相距甚远。

我在写这部分内容的时候正值2021年年末，特斯拉刚好出现了召回问题。

特斯拉当年度销售出去的汽车中，有一半都是召回对象。召回原因主要是引擎盖和后备箱在车辆行驶过程中会自动弹起，遮挡司机的视线。

人们常说，电动汽车就像塑料模型，只要有电机和电池，在任何地方都能生产制造。可能就是因为这样，苹果、索尼，还有谷歌等IT企业也相继入局造车领域。但我认为，车辆制造事关人命，与塑料模型还是不一样的，必须有相应的经验和知识才能胜任。

而这里,正是需要日本那固执而坚定不移的制造力的地方。

电动汽车的普及会导致四成零部件淘汰

让我们来想想汽油动力汽车和混合动力汽车都离开历史舞台,满世界只剩电动汽车的场景吧。

汽油动力汽车号称由3万多个零部件组成。随着电动汽车等次世代汽车的普及,其中四成的零部件都将不再被需要。

受电动汽车普及影响最大的,要数发动机零部件制造商。据说,驱动、传动部件,变速箱,发动机控制装置所需的电子零部件、火花塞全都将失去用武之地。

考虑到市场将会慢慢变为电动汽车的天下,有些汽车零部件制造商已经在思考如何利用现有经验和技术开发电动汽车可用的零部件了,但这绝非易事。随着EV化的推进,关联厂商应该都会遭受很大的影响。欧洲的一家发动机零部件制造商考虑到今后汽车的电动化,已经开始进行裁员,并招募EV化相关的技术人员了。

无论如何,EV化对汽车制造业来说都是很大的变革。

而 EV 化之后，这个业界还会迎来更大的风浪。

自动驾驶的现状

电动汽车普及之后，就将迎来"自动驾驶"的时代。《日经商业周刊》2021 年 12 月 17 日的一篇文章中这样写道：

"特斯拉的埃隆·马斯克在两年前就说'明年一定会'实现 100 万台无人驾驶出租车的商业化。不过，生产出保证安全的自动驾驶汽车对任何一家公司来说都还有些遥远。"[1]

"如果是设置好路线的无人驾驶卡车在主要公路上行驶，又或者是在矿山、港口等自行车和行人都很少的环境中行驶，技术难度就比无人驾驶出租车要低多了。现在来看，无人驾驶卡车可能会率先实现商业应用。"

这样看来，可能首先应该在建筑机械或已经设置好路线的

---

1 目前中国和美国均已有城市开放自动驾驶车辆上路，一些测试车辆也已投入运行。——编者注

/ 第四章 将EV时代变成新的机遇 /

卡车上尝试无人驾驶,但想来难度还是很高。

不过,就算要耗费大量时间,各个国家的各个汽车制造商也都在争先恐后地开发自动驾驶技术。

如果自动驾驶能成为现实,就可以用智能手机直接叫车了。同时私家车的数量也会减少,根据测算,世上的车辆差不多能减少四成。

在这个被称为CASE(Connected联网,Autonomous自动驾驶,Shared & Service共享汽车,Electric电动化)的时代,可以想见,各种各样的技术和系统会融合在一起,形成多种组合形式,因此,这种发展方式会与迄今为止以硬件为主体的汽车行业发展方式有所不同。

EV化也好,自动驾驶也罢,都需要网络,都与软件系统有关,所以GAFA等IT巨头才会掺和进来,这样一来,传统的汽车制造商可能要在有限的汽车市场中,想方设法保住越来越少的份额。

汽车行业还会遭到进一步的打击。

自动驾驶的话题还未冷却,"飞行汽车"的话题就开始火热起来。

2020年10月1日,《日本经济新闻》报道称本田正在开发名为eVTOL的"飞行汽车",在动力方面,发动机和发电机并用,飞行距离差不多在400公里左右,并计划在21世纪30

年代投入北美的城际交通运行。

可以垂直升空，可以在没有交通信号的天上飞行，那就可以用最短的时间走最短的距离到达目的地了。

在看过电影《星球大战》之后，我常常这样想：

将来说不定会迎来车辆在天空中高速行驶却又不会相撞的时代吧……

现在我觉得这一时代已经不远了。

说不定我有生之年还能乘坐一次飞行汽车。

生产"飞行汽车"的发电机用线圈项目也曾与我们有所接触。

毕竟飞行汽车的制造可不能浪费空间，高效率的发电机也很有必要，所以他们才会接触制作高密度线圈的 SELCO 吧。

最重要的是未雨绸缪

从 EV 化到自动驾驶再到飞行汽车，"技术革新"就是这样令人眼花缭乱。

重要的是，我们要建立起能够随机应变的体制，无论什么情况都能积极应对的体制。

第四章　将EV时代变成新的机遇

在还有时间的时候，利用自己公司的强项，摸索我们在次世代可以做的工作是非常有必要的。

还有就是，学习很重要。

除了汽车，只要是能应用在次世代"产品"上的零部件或元件，我们就要看看有没有我们能做的工作。最好能接近有需求的厂商，拿到他们的试产订单。

此外还要思考如何活用自己公司的技术制造产品，还要考虑能否与其他公司联手。这些思考都是非常必要的。思考下一步的事业内容，不仅仅是针对EV化进行准备，还要以业绩增长为目标，增加自家产品的种类。

在尚有余力的时候，这些都是非做不可的事。

我们公司在制造打印机零部件的那17年中，什么都没想过，只是一味享受时代红利。我曾以为那份工作会永远持续下去。当那个时代终结时，我受到了很大的触动。

但是，围绕汽车发动机的种种，还有时间给我们做准备。

总而言之，最重要的是未雨绸缪。

第五章

中小微企业生存大作战

小才能生存下去？

在地球漫长的历史中，适应各种气候变化最后生存下来的，不是体格庞大又孔武有力的恐龙这类大型动物，而是老鼠、蟑螂这种适应能力强的小型生物。在这个令人眼花缭乱的世界，今后能够生存下去、走向繁荣的未必是大型企业。

雷曼事件发生后，以雷曼兄弟为发端，日本的山一证券、北海道拓殖银行、日本长期信用银行、千代田生命，以及生产汽车安全气囊的高田，甚至日本航空等大企业都破产了，这在平时是做梦也想不到的。

根据日本总务省的统计报告，现存企业中熬过10年没破产倒闭的只有6.4%。在这种情况下，一旦以EV革命为始，进入各种技术变革发生的时代，我们这些中小微企业能否顺应下个时代的浪潮，生存下去呢？

说到世界的变迁，其实在30年前还没有手机那类产品，到处都是固定电话的天下。那时候谁也想不到会进入"谁都拥有智能手机"的时代。我记得当年液晶显示器替代 CRT 显示器的速度非常之快。

EV 化说不定也会像那样突然加速。

世界变化之剧烈，变化速度之快，让我深有感慨。

最后，只有能顺应时代洪流的企业才能生存下来，走向繁荣吧。

在 iPhone 问世之前，日本的手机就搭载了邮件服务、照片附件邮件服务、手机铃定制服务、视频发送服务，以及手机钱包等功能。虽然本质上还是普通手机，但可用的功能非常多。

可是，日本的手机制式与海外并不兼容，日本手机厂商就坚持制造着这些只能在日本流通使用的翻盖手机。

关键是，日本本来在功能方面和技术方面都有很强的能力，但是却没能进一步开发生产出智能手机。

当时，苹果开发制造的 iPod 一问世，就大受欢迎。

没过多久，iPhone 登场了。当然也大受欢迎。

这一产品瞬间就传遍了全球。

我本来认为智能手机的生产日本能有机会占据市场主导，但其实不然。

仔细想想，就算是日本的哪家大型公司开发出了类似智能手机的产品，也大概率不会投入当时的手机市场与认购度极高的翻盖手机一争高下。苹果公司不仅拥有技术能力，还拥有"好的品味和软件开发能力"，这才成为世界第一。

将电话与网络结合起来，这种崭新的构思，可能就是自诩"产品开发能力居世界首位"的日本被美国超越的原因。

虽说话题有些倾向于智能手机了，但我认为，鉴于如今日本的社长工薪化、组织巨大化、制度僵硬化，别说智能手机，就是在其他各方面也赶不上中国了。

其中缘由不消说，就是前面提到的决断迟缓，以及大企业逐渐失去了挑战新事物的精神。

中小微企业要瞄准
缝隙市场、利基市场、稀缺市场

话虽如此，中小微企业可实在比不了大资本。

小公司开发的产品被大公司进一步升级改造、量产化、专利化，结果小公司反而无法再生产这种产品的故事，在现实世界时有耳闻。

我的公司也遭遇过这样的打击。

在软盘时代，我们公司历尽辛苦，在业界首先推出了能够取代软盘上不锈钢制快门的树脂压模产品，并推销给了附近的大厂商 T 公司。

我们发明这种产品是因为在不锈钢上进行印刷非常要命。

费工夫只是一方面，主要是印刷过程中墨迹没对齐、渗墨等问题时常出现，难以解决。

于是我们祭出了最后一招：利用塑料磨砂面和光面的不同，在磨砂面印刷文字。我们在申请了这一专利之后，把产品推销给了 T 公司。

结果与我们的期待不同，T 公司的采购负责人十分冷淡地表示："就这种粗制滥造的东西，我们公司是不会用的。"

本以为能靠着这个专利大赚一笔的我们失望透顶。

这就是下包公司的悲哀之处。

如果是现在，一家公司不行，那就把其他生产软盘的公司都推销个遍。可当时我们没什么经营头脑，自己一直服务的 T 公司说不行，对我们来说就是全剧终的意思。

过了一段时间，专利公开，专利事务所给我们发来了确认是否申请专利的通知。但我们觉得这种产品申请了专利也只是浪费钱，就没把申请流程走完。

然后又过了一段时间，市场上开始出现在塑料磨砂面和光面写字的软盘，没过多久，所有的软盘制造厂商都开始采用这种技术了。

没错,最初拒绝了我们的T公司也理所当然地采用了这种技术。

这种事在日本各地的生产车间都发生过。我们这些中小微企业无论想出怎样的方案都很难得到中肯的评价,难以为世人所知,也难以借此提高收入。

可是,小公司只要瞄准小市场就好。

比如缝隙市场、利基市场、稀缺市场。

大企业不会掺和小市场。

因为根本赚不回开发和推广的费用。

中小微企业永远也赶不上大厂商的是——"唉,就这样吧"

还要声明一点,即便中小微企业在技术能力方面非常优秀,又或者在品质方面有绝对的自信,但在某件事上确实赶不上大厂商。

那件事就是大厂商的:

"唉,就这样吧。"

比方说，我们以达成客户设计图中规定的电气特性和规格等要求为绝对使命，想尽办法，绞尽脑汁也要满足客户的需要。

这种追求精神，也会带给我们新的专利技术。

可是，当大厂商想要自己制造什么产品却无论如何都造不出来的时候，就会在规格和精度方面妥协，直接修改其他零部件的设计方案，直到自己能够生产出来。

所以，当与日本国内下包公司进行合作生产并严格进行品质管理的厂商在出海建厂的时候，一旦遇到自己搞不定的零部件就会选择放弃，"唉，就这样吧""这也是没有办法"。这样生产出来的产品就会变成妥协的产物，而"Made in Japan"淡出人们视线的原因也与此有关。

下包公司能做的，自己公司却做不出来，对这种不该发生的事视而不见的本领也算是一种"秘技"了。而滥用"秘技"的结果就是日本的制造水平下滑，被其他国家效仿并超越。

与此同时，我们中小微企业的技术却毫无用武之地，这真是令人遗憾。

/ 第五章　中小微企业生存大作战 /

与大企业的战斗

这个小标题虽然取得挺帅气，但其实我们也在接大企业的订单，与大企业做生意。

不过，为了守护自家公司的技术和利益，不能因为一句"顾客就是上帝"就对客户言听计从。

当我们公司还是个下包公司的时候，曾因客户的要求交出了我们的技术。结果客户拿到技术就跑了，以至于我们差点破产。所以我们现在在防止技术泄露，保障技术安全等方面下足了功夫。

首先，如果交易涉及技术层面的信息，客户必须与我们签订保密协议（Non-Disclosure Agreement，NDA）。这个NDA的内容也不能只针对一方，必须是针对双方的保密才行。

只有双向的保密，才能保证我方技术相对安全。

也有一些单纯为了套信息跑来找我们咨询业务的公司。

自己做到某种程度，还差一点儿就能弄明白的时候，就跑来我们公司咨询相关信息、技术。

再过分一点儿的厂商，先找我们试作线圈，再把试作品拿回去揣摩做法，然后在自己的公司或者子公司进行量产。

我们公司有个黑名单，对于像这样涮过我们的厂商基本上都不会再合作。

大厂商不要一味吹嘘自己公司有多牛，就算交易对象是小公司，也应该承认对方在技术方面的价值，付出合适的代价，正当交易才行。

美国的风气和日本截然不同，如果在展会之类的场合，有私人公司或创业公司发表了自己的独有技术，就会有大型厂商的董事来交涉，为那项技术开出一个合适的价格。拿到相应报酬的小企业就可以投资设备、开发新技术，走向下一个阶段，迈向"美国梦"。

日本的企业很多都还抱有旧时母子公司的恶习，"小公司的技术就是我的东西"这种错误的思想仍在盛行。所以，在多数情况下，无论小公司有多少特殊的技术或独特的想法，也只能维持小公司的现状。

有很多大企业认为，只要向小公司亮出自己的名字，小公司就会对自己言听计从。简直是胡扯。

也有不少中小微企业很没骨气，对大企业唯命是从。

有些大企业被我顽固拒绝后会说："说这话的可只有贵司而已。"据此推测，应该有相当一部分中小微企业由于公司存亡之类的原因，对大企业言听计从，要什么给什么。

我们公司规模虽然小，但我们有自己的生产开发经验、知识、技术，在这些方面我们一点儿也不落后于大企业。

所以我们面对大企业从来都是不卑不亢。

不过，绝大多数中小微企业面对大企业都感到自卑。

我曾在两家上市企业打过10年工，所以面对大企业毫无自卑感。也许有没有这种经历也是面对大企业时能否挺起胸膛的要因之一。

我们的谈判对象不是牛鬼蛇神，只是普通的人类，是职场打工人。就他们的立场来说，他们无法像我们这些中小微企业的社长这样，自己做出经营判断。

自己的技术要由自己来守护

日本的大企业承袭了对待子公司的恶习，总感觉下包公司的技术是自己可以白拿的。

所以，这些大企业一听说下包公司有什么优良技术，马上就"毫无恶意"地表示"让我看看"，当场拍照带回公司，然后再把这技术传播到自己公司的海外工厂、其他关联公司等，让这些公司用更便宜的成本生产制造。

所以，就不能把自己的技术交给大企业。

专业技术内行一看就知道怎么回事。

反过来说，没看过就琢磨不明白的才叫专业技术。

千万别给他们看技术，只有大厂商琢磨不明白，没办法了，才会派单给我们。

因为是没办法了才下单给我们，一旦他们通过研究产品琢磨明白了，那订单也就戛然而止了。要是一开始就给他们看了技术，那一张订单也拿不来了。

我们以前也是下包公司的性质，客户一旦来访，别说是介绍工厂了，为了展现自己的技术优势，恨不得把自家独有的技术给客户讲个明白。

在这种大环境之下，当然会有初次造访的客户认为，乙方就应该让自己把工厂的各个角落看个遍。当我们拒绝客户参观工厂的时候，也有一些公司干脆取消了来访。

缔结双向保密协议、拒绝参观工厂——通过这两条就能甄别客户。

当然，对于现在与我们往来的客户，我们根本不需要有这方面的担忧。

总的来说，自己的技术由自己守护是很重要的。

专利的限制

保护自己技术的一个手段是申请专利。

想拿到专利许可，可不是提交申请就完事儿的。

申请专利许是件挺烧钱的事，如果想要把在海外的专利许可也一起申请下来，少说也要花 100 万日元以上。在这方面，国家和地方政府都可能有补贴，所以需要好好调查一下政策再决定申请方案。但这对于既没钱又没人的中小微企业来说可太难了。

我在专利方面最感到为难的是，因为我们的专利对象是零部件，所以很难判定相关产品到底用没用我们公司的专利。

所以只能把有嫌疑的产品买回来分解之后再调查。

专利是把双刃剑，申请专利就意味着要把自己重要的专业技术公之于众。

如果是能够被模仿的技术，很可能在许可方没有察觉的情况下被他人所使用。

这样一来，就会变成花钱把自己的专业技术公告天下。

另外，如果大企业认真起来，恐怕就会凭资源说话，把周边的专利申请个遍。这样一来，我们所持有的专利技术很可能就无处可用了。

即便如此，专利许可依旧是保护自己的一个必要工具。

对于大企业来说，或者说对于大企业的负责人来说，自己所使用的技术如果在什么地方侵犯了别人的专利可是个大问题。

如果一项专利对自己的公司十分重要，那么就要找一家有实绩的，有权威性的专利事务所来帮忙。

律师的水平很可能会左右今后与大厂商谈判的局势。如果有必要，专利事务所的律师会更可靠。越是重要的案件，就越要依靠律师的力量。

所以要选择实战经验丰富，有一定成绩的律师才行。为了保护自家的技术，就要付出必要的努力和金钱。

把专利当成营销的工具

如果提交专利申请后的 1 年内没有什么客户来做相关咨询，绝大多数情况下我们会停办这一专利申请的后续手续。

得知我们的做法，有位律师表示："你们可真会啊！"

我问他："为什么这么说呢？"

他回答道："虽然 SELCO 只提交了专利申请，还没拿到专利许可，但客户看到 SELCO 提交了申请，就会对 SELCO 的技术能力有较高的评价。同时又因为自己做不到，就会跑来向 SELCO 下单。"

确实，说起来，我们公司的技术基本是基于生产"SELCO 的完美对齐线圈"这一目的。像我们这样的线圈绕线公司虽不能说是世界独一份吧，至少也是凤毛麟角——有时候我会这样自我吹嘘一下。

客户看到我们申请的专利技术，知道自己想做也做不来，就不得不向我们下单。这样一来，我们因为没走完流程的申请专利受到瞩目，拿到了订单，专利起到了类似公司主页的作用，成为营销的工具。

政府的生产效率化走错了方向？

下面这段话来自 2021 年 7 月 2 日的《日经商业周刊》。

> **因为小所以无所不能**
> **认为"中小微企业=弱小企业"简直离谱**
> **逐渐白热化的改革争论**
>
> 随着人口减少，国内市场也在不断缩小。再加之继承人不足、没完没了的新冠疫情……全国的中小微企业到了走投无路的时刻。前首相菅义伟的智囊、金融分析师大卫·阿特金森倡导："小公司生产力低下，为了日本的经济发展，要进行大刀阔斧的改革。"
>
> 这种中小微企业无用论开始影响现实。政府在两年前 5 月的经济财政咨询会议上提出，要尽快上调最低工资，并展开各项行动，似乎要淘汰"跟不上改革步伐的企业"。

"因为小所以弱"——日本政府的指导方针无非基于这种思维方式。

我就在这里直说了吧：

日本的小公司确实多，日本 99.7% 的公司都是中小微企业，只有0.3％是大企业。70％的劳动者是由中小微企业在雇佣，大公司的职工只占全体劳动者的30％。

而小公司生产力低下的原因绝不是产品不够优良，也不是服务不够优质，而是没有人向小公司支付优良产品、优质服务相应的代价。简单说就是报酬给得太少了。

特别是大企业给下包公司开的价格，简直低到不行。

看了这些大企业的做法，小公司就会认为大企业采购部门最重要的使命就是想方设法压缩采购成本，"越便宜越好"。

可难办的是，总有能接受低价的公司，所以其他公司也就不得不接受低价。

大企业应该对技术和品质的价值有正确的认识，并付出相应的代价。

而下包公司也不应向大企业低头，要提出能确保正当利润的报价。

当然，中小微企业也应该好好思考，如何在保证品质和服务不受影响的情况下降低成本。

整体来说，日本的产品实在是太便宜了。

《下町火箭》的世界

2015年11月《周刊现代》刊载了一篇与本公司有关的文章。当时正是电视剧《下町火箭》爆红的时候,有技术能力的小镇工厂也因此备受瞩目。

> **现实版《下町火箭》**
> **为没有输给大企业的"小镇工厂"感动落泪**
>
> 阿部宽饰演的小镇工厂的社长对抗巨大企业的行动令人感动。不过,小工厂对战大企业的故事可不只存在于电视剧之中。在现实生活中,也存在着一边保护技术人员的骄傲,一边努力奋斗的小镇工厂。

这篇标题浮夸的文章介绍了包括我们公司在内的四家公司。

里面提到我们公司的故事如下:海外厂商与我们做生意之后,带走了技术,终止了贸易,导致我们公司营业额一下子减少七成,而银行也拒绝给我们融资,在大裁员之后当上社长的我在苦恼中寻找生路,最终开发出了"高密度线圈"。

/ 第五章　中小微企业生存大作战 /

关于其他公司，有被甲方用下单的说法吊着，借了很多钱购买生产设备，结果设备买回来之后甲方社长换人了，表示"没听说下单这回事"，于是只得想方设法争取订单的故事；有被IT巨头谷歌告侵权，结果却让谷歌竖起白旗的故事；还有被大企业盛赞技术能力，得到如电视剧中财前部长[1]那样的人的支持的故事。不要因为自己是小公司所以"哭着入睡"，不要因为自己是小公司所以"听大企业的话"。敢于拒绝不合理要求的公司不只有我们，还有其他的例子，我希望大家能够从这些例子中获取激励和勇气。

【案例】思考工匠技艺的价值

给大家介绍一个努力的小公司——在东京蒲田经营车床加工业务的岩井制作所。

岩井制作所经营的产品有为新干线列车减震的气缸，濑户大桥电缆锚的零部件，等等，每种产品都品质一流。

这家公司是车床工匠岩井元及其夫人精心打理的小镇工厂。年近90岁的岩井先生靠着一台旧机床，安安静静地专注工作。

他的工作是靠着指尖的感觉，凭借产品被加工时那几

---

[1] 财前部长是电视剧《下町火箭》里的人物，担任大企业帝国重工的宇宙航空部部长。

乎看不出来的细微变化，以及加工时的声音来操控这个0.01mm厚的世界，完成在质量上无懈可击的车床加工工作。他的技术是名副其实的工匠技艺，现代技术也无法媲美他的车床加工水平。

我在感慨"这可真了不起"的同时，却也发现了日本中小微企业的一个大问题。那就是，技艺高超的岩井先生并没有得到他应有的待遇。

造成这个大问题的原因之一就是，岩井先生没能从派单企业那里拿到适当的报酬。如果派单企业支付了适当的报酬，岩井先生的工厂就可以翻新，还能有余钱来雇佣后继人，他的技术也就能更容易地得到传承。这样一来，就可以提高岩井先生的工厂的生产力，就会有更多的企业享受到岩井先生的优秀技术带来的好处。我认为这是日本中小微企业亟须解决的一个问题。

听说岩井先生还做过与核能发电站相关的工作。看到日本"3·11"大地震导致的核能发电站事故的消息，他曾后悔地说："如果没做那份工作就好了。"实际上，那份仅材料费就价值27万日元，对精度要求很高的工作，只付了他2万日元的加工费。

岩井先生毫无失误地完成了这份风险极高的工作。对此，在赞叹岩井先生技术之高超的同时，我也为派单企业对岩井先生的不够尊重、不够用心而感慨万千。

也说不定，是岩井先生自己提出"不需要额外付钱"。

所谓的工匠，都是些与金钱相比更重视自豪感的人。这是身为手艺人的美学，也是纯粹的用心。有问题的，是那些利用工匠精神，以"他本人都说这样就够了"为理由占便宜的派单企业。

如果不能善待工匠，长此以往，吃亏的是派单企业自己。希望各大企业能够意识到这个问题。

也希望各位中小微企业经营者不要贱卖自己宝贵的技术和经验。想要实现"SHIN·日本制造"就必须正确地评价中小微企业的技术，并支付相应的报酬才行。

【案例】经营者必须着眼"未来"

再说一个案例吧。

有一家名为冈野工业的小镇工厂，能够制造小有名气的"无痛针"。

这家公司的社长冈野雅行先生的信条是"大家都做的工作绝对不接。要接就接单价太便宜谁也不爱接的工作，或者技术上太难实现谁也接不住的工作"。这一信条与我们 SELCO 的可以说很相近了。

虽然我觉得他的信条很赞，但大家可能觉得他的信条与我那"不要贱卖技术"的主张正相反。为什么冈野工业会采取这样的战略呢？在答案揭晓之前，先来看看冈野工业接下的"便宜工作"都是什么吧。

这家公司接下的工作之一，是制造锂电池的外壳。在方形的桶上打4个孔，本来需要4道工序。但冈野工业利用独有的技术，一次就能把4个孔都打好。而且冈野工业完成了这道工序的自动化，做一个壳子的成本只需要80钱[1]。

单看单价确实是个便宜工作，可锂电池是当今时代风口产品的相关零部件，派单量很稳定。这项工作自然也对冈野工业的业绩有很大的贡献。就算是便宜工作，只要采用特殊技术进行工程改良，再将生产自动化，就能够产生足够的利润。我认为这是很值得效仿的好案例。

不过冈野社长却表示，自己公司所做的这些大企业也能做到。想做就能办到，只是不做罢了。

这是为什么呢？因为越大的企业就越难容忍失败。项目负责人的挑战如果失败了，就会被降职，或是失去奖金。普通打工人可不想顶着那种风险挑战新业务。

冈野社长认为，这就是中小微企业的机会。小规模的公司才能不断地进行小挑战，即使多次失败也能从中总结教训、磨炼技术。

---

[1] 1日元=100钱，80钱=0.8日元（2024年4月约等于人民币4分钱）。

"站在前列的人必然要做出牺牲。"冈野社长说。

其实，欧洲高端品牌的产品多半也是小镇工厂的工匠制造的，真正优秀的技术可以说是生于小镇工厂，长于小镇工厂。这个案例佐证了我提出的小公司才能诞生好技术的观点。

冈野社长也很担忧日本制造的现状，并告诫我们：就算身怀绝技，不去了解时代、预判未来也是不行的。只知道眼前的工作，埋头苦干，不着眼未来是要遭殃的。

不仅是小镇工厂，只要是经营者就应该培养"预判未来的能力"。中小微企业只有准确地预判未来，才能将有限的资源用在刀刃上。

小公司要有凭一己之力打破现状的精神

我们公司是员工数不足50人的小公司。

但我们对"线圈绕线"这份工作拥有十足的自信和骄傲。

我们公司与冈野工业一样，原则上不做哪里都可以生产的"普通线圈"。而是乐于接手那种别人不爱做、做不了的订单。

因为这种订单才有附加价值。

无论厂商怎样要求削减成本，我们公司基本上不接受 VA（工程改良）以外的调整方案。因为我们生产的产品有那么高的价值。

如果不想做下包公司，那就要拥有自己独有的核心技术。

这样说，想必很多公司会表示："我们实在是没那种了不起的技术啊！"

可是，能够在泡沫经济崩溃之后的艰难的时代存活下来的小公司，又或者长期以来一直为汽车制造生产同一种零部件的公司，一定会持有什么特别的技术。只不过，绝大多数公司没能注意到自己公司所持技术的闪光点。又或者，把稍微再磨砺一下就能成为公司"优势"的东西放置一旁。

请再次审视自己的工作。

做树脂成型的企业多如牛毛。

但在树脂成型这个领域，自己的公司擅长什么呢，拥有哪些特殊的成型机呢？请这样一边思考，一边寻找自己公司的优势。

就算没有技术方面的特异性也没关系。

比方说，品质方面从无不良记录，从不会延期交货，这种管理方面的优势也不错。

试产品的交货期比别的公司都短……这也是非常有说服力的优点。

/ 第五章　中小微企业生存大作战 /

总而言之，要寻找自己公司与其他公司有差异的地方。
如果找到了，就要继续磨砺，进一步完善自己的优势。
并好好宣传磨砺过的技术。
公司主页，专业杂志广告之类的 PR 手段都要用起来。
稍微努力一点的话，还可以用英文在海外市场做 PR。

勤勉、正直、诚实

除了技术以外，我们中小微企业的最强武器一定是"勤勉、正直、诚实"，这些面对繁杂的工作也能认真努力的精神。

只有秉承这种精神才能生产出在规格和特性方面稳定统一，质量有保证的好产品——真正的"Made in Japan"。

不过，有没有缺乏这种精神的中小微企业活到了现在呢？

在日本，中小微企业、下包公司很难对自己放松要求。因为我们这些中小微企业都得通过大厂的严格考验，天然就具有认真努力工作的精神，所以生产出更优质的产品也是理所当然的。

陷入"放松自我要求"这种状态的公司也不是没有。
但那是最近的大企业要解决的问题：修改数据，销售瑕疵

145

品，没拿到相应资格证书的人也能负责品质检查的工作，隐藏召回事件等，这种对自我要求极低的案例简直不胜枚举。

日本的大企业的员工、管理者、经营者，都随着全球化的推进，忘却了日本精神吗？

在这方面，我们这些中小微企业还没有被影响。

我们仍然心怀对产品品质的坚持和骄傲在努力工作。

绝不会为了让自己的产品看起来不错而进行粉饰，糊弄客户。

只靠品质、技术和产品本身一决胜负。

绝不妥协的"制造精神"才是日本之心，制造之心。

大企业的4M变更

企业小，内部各部门的规模就小，管理费用也就比较少。

一旦变成大企业，各部门就会"怪兽化"，还会产生影响各部门关系的利益冲突，导致内部协调十分麻烦。

举一个极端的例子，那就是日本的行政机构。

日本的什么省、什么厅想要做某事的时候，这个认可那个却不同意，最终什么也做不成——这种白忙活的案例时有耳闻。

比方说，大企业想要搞 4M（Manpower 人力、Machine 机器、Method 方法和技术、Material 材料）变更——改变作业人、机器、方法、材料等，把审批、验证时间都算上，整个流程至少得花个半年以上。

当然，若是把商品的原材料偷偷换成劣质品，陷入无管理状态也是不行的。所以，大企业的 4M 变更流程要进一步优化，才能与外面的世界抗衡。

相信甲方，并在检验要点、改进工序、变更材料等方面建立更加有效率的审批流程是非常必要的。

总之，我相当厌烦大企业在行动方面的效率低下。

不过，与我们公司合作的多数大厂商在某些方面也非常灵活。也就是说，大企业想要随机应变提高效率也能办得到。

【案例】从缝隙市场崛起的公司

福井县的清川电镀工业是获得过第 1 届日本制造业大奖、经济产业大臣奖、特别奖等很多奖项的电镀工厂。

电镀的主要功能就是把主板上的各个部件连在一起，但是现在主板芯片的大小差不多是 10 年前的 1/7。这家公司提前预判了芯片的变革方向，开发了一种名为"纳米电镀"的独有技术，可以对粒径为 0.6μm 的铜颗粒施以均匀的电镀，而且他们还可以进行多品种的大量生产。这让清川电镀工业大大地拉开了与其他公司的差距。

根据统计数据，15年前全国有大约3000家电镀工厂，如今只剩下一半左右。清川电镀身为其中一员，业绩一直在稳健地增长。

而且他们的品控管理一流，号称每年电镀超过1000亿件产品且次品数为零。

这个公司也是从完成"谁都不肯做的工作"发展起来的，他们也一直保持着不拒绝找上门来的工作的姿态。

我们公司是因为有"从不拒绝原则""客户需求是发明之母"这样的座右铭，才能够开发出"高密度线圈"这样的独特产品。清川电镀与我们一样，不拒绝困难的工作，努力满足客户的需求，才开发出"纳米电镀"这种其他公司难以效仿的技术。

清川电镀所处的电镀行业在日本国内本属于夕阳产业，他们却通过挑战别人没有做、不去做、做不了的电镀技术难题，避免了陷入困境。对于谋生存求发展的日本中小微企业来说，是一个很好的学习对象。

【案例】结合自身特长与流行趋势，成为世界级的公司

日本新潟县的燕市和三条市都以拥有很多从事金属加工业的中小微企业而闻名。

这两个地方在金属加工业方面的历史可以追溯到江户时代，那时候的主要产品是工具、美容美发工具。燕市后来发展成了以金属西洋餐具、家居用品为主的制造商聚集地。通过根据生活用品和消费者的兴趣变化不断调整产品内容，燕市的产品不仅在日本大受欢迎，还远销海外。

提到三条市，大家可能会想到从一介五金批发商发展起来，并在最近的露营风潮中业绩增长突出的雪诺必克（Snow Peak）。

这家公司作为引领"汽车露营"风潮的公司一直备受瞩目。他们最近还开发了可在城市里体验"篝火"和"露营"的产品，并向包括IT企业在内的600多家公司提供了使用帐篷等露营设备的"露营办公室"。

这家公司对销售的产品实施终身质保，如果产品发生问题可以邮回他们公司。他们会小心仔细地修理好产品再邮给客户。所以客户可以放心大胆地购买他们的产品。

20世纪80年代，日本也曾掀起过露营热潮，但这股热潮在20世纪90年代就消退了。20世纪90年代后期，由于用户中有"产品不错但是太贵了""品类不全"的意见，Snow Peak导入了经销商授权制度，并针对"禁止篝火"的露营场地推出了不锈钢篝火台这一长期畅销的产品。

现在的Snow Peak在日本国内外都持有集团公司，

销售汽车营地、登山用帐篷、寝具、篷布、椅子、马克杯等户外用品,以及其他能够体验贴近自然的生活方式的产品。不仅如此,为了谋求进一步发展壮大,他们还在美国建起了露营场地。真是未来可期。

这家公司的发展史也很有意思。一开始是社长的父亲喜欢攀岩运动,所以开始销售攀岩用品;后来社长本人迷上了露营,所以开始努力开发销售露营设备,将公司发展壮大起来;现在社长的女儿喜欢时尚,所以公司开发了很多适合露营的服饰,而这些商品所主导的露营风正大受欢迎。

祖孙三代努力将各自的爱好商品化,并取得了成功,这可真是理想的经营风格。从三条市的普通五金经销商,成长为翱翔世界的企业,可真是个不错的参考案例。

如何找到适合自己公司的"灵光乍现"

SELCO"灵光乍现"的产物是"高密度线圈"。

从小做大的源泉,就是经营者的思维方式和每一个创意。经营者以此为基础创造产品,并以合理的价格进行销售。在扩大销售的手段方面，有三种方案可选：第一，自己开拓销路；第二，接受地方自治体援助；第三，委托专业销售公司。

在销售之前，要先找到自己公司的擅长的技术、特殊的技术、能够与其他公司形成差异化优势的技术。也就是说，必须找到属于自己公司的"灵光乍现"。

我们公司的灵感源泉是"不拒绝客户的需求，满足客户的需要"。"高密度线圈"就是满足客户需求的产物。

在线圈生产业界，成本就是一切，品质退而次之，这是一个"以价格为导向，尽可能做出排列整齐的线圈就行"的世界。

我们身处这个业界，却把成本晾在一边，向世界推出了优先考虑线圈的整齐程度、特性和品质的具有稳定性的产品。

当初我们带着这种线圈四处拜访老客户、参加展会，虽然吸引了客户的兴趣，但却由于价格原因始终无人下单。

不过，绝大多数产品的产量一上来，价格也就能降到令人可以接受的程度了。丰田的普锐斯听说最初也是不被人看好的。

我们公司的情况是，虽然试产的订单不少，但做了各种各样的试验之后，还是拿不到量产大单。

无论我们的试产品有多优秀，无论成本压到什么程度，敢于将创新产品、前无古人的概念等用在自己主要产品上的公司，实在是很少。

在这里我要说"信念"二字非常重要。

当我看到"高密度线圈"的试作品之时,我就意识到,"这种线圈,总有一天会成为这个世界上必要的零部件之一。这个时代一定会到来"。

我们公司坚持生产这种高密度线圈。

就算有人下单找我们做普通的便宜线圈也不做。

我们只为想要高密度线圈的客户工作。

我们终于能够明确地表示:"别的公司也能做的工作,我们公司不做。"

所以,我们的业绩不会轻易增长。

可是,客户只要用过我们的这种线圈,就会变得非用这种线圈不可。

因为我们的线圈,电气特性出类拔萃,尺寸精度稳定统一。我敢说我们的线圈是这个世界上的电气设备设计师梦寐以求的产品。

不过,采购部可就不这么认为喽。

只要他们找到更便宜的线圈,他们就会推荐给设计师,企图节省成本。我们的课题就是如何说服采购部(或者说"一般认知")。

在这种严峻的环境下,我的信念也未曾动摇。我相信自己公司的方向性，相信自己员工创造的产品，并且相信自己的直觉。

看到近来各大厂商发给我们的订单，我越发确定我的信念没错。

到现在为止说的都是我们公司的事，现在请各位读者思考一下自己公司的核心技术、强项都是什么吧。

你们是否有迎接未来的好主意（"灵光乍现"）呢？

就像我在前面所说的，我认为每一家公司都有自己的特点。接下来，为了让各位读者的脑海中有个更具体的印象，我再来列举几个企业的案例吧。

从"灵光乍现"到商业化的实例

30年前，日本的家电业竞争激烈，主要品牌有松下电器、日立制作所、东芝、索尼、夏普、三菱电机、三洋电机等，日本产的电视机、收音机占据了世界市场的半壁江山。

冰箱、洗衣机、空调等日本产的家电也因为质量好而大受欢迎。不过，看看现在的世界家电厂商排名，争夺第一位的是韩国三星和中国海尔，混进前十名的日本公司只有松下。夏普、东芝和三洋电机的大型家电业务也被卖给了中国厂商。毫无疑问，日本厂商在世界市场的存在感已经大幅降低。

泡沫经济崩溃后，很多日本家电厂商把产线设备搬去海外、把制造方法教给国外，确实是重要原因之一，但更大的原因是他们在价格上没竞争对手便宜，品质却下滑了。

在成本方面，正如小松的坂根社长所说，日本总公司结构冗余，成本降不下来。而且结构臃肿导致的行动迟缓使得"品质（Quality）、成本（Cost）、交期（Delivery）"即Q、C、D的各方面也慢人一步，所以才无法战胜对手。

今后应该更期待日本的创业公司、初创公司。

像之前提到的那些具有新意识的小公司那样，将日本独有的人性化的精细家电产品推向世界。在初期，以质优先，走量次之；以附加价值优先，业绩次之。这才是今后日本应该选择的前进之路。

如果诸位的公司正在开发一些富有魅力的创新产品，不如就顺着这条路走走看吧。

如果觉得"只靠我们自己公司实在是……"那就与其他公司联手，就去发布众筹或者找家大商社合作，请他们出钱自己出力，靠技术一决胜负……办法总是有的。

第五章 中小微企业生存大作战

最近，我在日本的创业公司、初创公司的身上看到了希望之光。

这些公司以爱丽思欧雅玛（IRIS OHYAMA）为代表，在烤吐司机方面有巴慕达（BALMUDA），在冷冻冷藏空间大小相等的冰箱方面有双鸟（Twinbird）等。

据爱丽思欧雅玛的现任会长大山健太郎自己说，他们是从大阪的塑料产品下包企业发展成家电厂商，并成为年销售额超过 8000 亿日元的大型企业。

面对工作来者不拒，就能在工作过程中逐渐提升技术能力。开发塑料浮标，制造"种田用的育苗箱"，这些工作都成了爱丽思欧雅玛的"大奖"，而爱丽思欧雅玛的事业也如雪球般越滚越大。

爱丽思欧雅玛面对工作来者不拒的思维方式，跟我前面提到的清川电镀工业，以及我们公司如出一辙。

这家公司会在每周一把管理者和相关人员聚集在研钵状的会议室里，由开发人员展示说明开发品，再由其余人员讨论表决是否对该开发品商品化。这种方法非常合理高效，可以提高决策效率。

也就是说，效率低下不是公司大造成的，是经营者的思维方式、意识方面的问题造成的。

巴慕达这家公司是 2003 年设立的，该公司的寺尾社长说：

"要质疑常识。"这与我们公司网页上的理念完全一致[1]。

而双鸟野水社长的产品开发理念是：绝对不做"大家都想要的产品"。因为，"大家都想要的产品"市面上一定早就有了。

"有一成的人觉得'超想要这个！'的产品才是好的。"可以说是实实在在地瞄准了利基市场。

三条市面临着严峻的工匠高龄化问题和传承人不足的问题。为了解决这一课题，政府与企业齐心协力办起了锻造工匠人才培育事业。培养出来的工匠可以选择自主创业，也可以去本地的企业入职。

整个小镇都对产业振兴十分关注，还办起了"燕三条制造业展会"，向全国宣传本地特有的精密技术。

海外的展会他们也积极参加，其中，坚守"Made in Japan"的骄傲的菜刀品牌"藤次郎"，已经借由这些成为世界级的品牌。

苹果公司打磨 iPod 的故事也很有名。

起初，苹果将 iPod 金属壳的打磨工作委托给了三条市的一家公司，主要是因为三条市的打磨技术一流。可是单凭一家公司怎么也来不及打磨出苹果所需的出货量，于是这家公司找了

1　SELCO 网站首页的标语是"改变线圈的常识"。

/ 第五章 中小微企业生存大作战 /

10家关系不错的公司来一起帮忙，打磨了合计250万个iPod金属壳。可是这已经是极限了，所以这家公司不得不改为提供技术，而这技术和量产订单都被一起转移到了中国。

现在，很多工匠的工作都在逐渐自动化，我认为"工匠技艺的自动化"一定会成为我们中小微制造企业成功的基石。

第六章

"SHIN·日本制造"的课题与理想

使小镇工厂发生飞跃式变化的希望之星

虽说我在之前的五章中，通过介绍各种企业事例，向大家展示了中小微企业理想的生存方式。但在这个时代，市场无时无刻不在变化，新技术层出不穷，想马上就见招拆招绝非易事。

不过，对于无法跟上这高速变化的时代的经营者们，其实有一家企业可以成为你们的强力伙伴。

不知道你们有没有听说过这家名为CADDi株式会社的公司。这家公司是高举"解放制造产业的潜能"旗帜的加藤社长（31岁）在2017年创立的，并在创业头4年里就筹集了高达80亿日元的资金。

简单说，这家公司的业务就是为中小微企业与大厂商提供精准匹配服务。具体来说，他们是以产业机械装置的厂商、品牌商等发单方提供的图纸数据为基础，采用独有算法计算出相应的价格，并根据品质、交期、价格等要求，选出最合适的加工企业，找到最佳供应链并进行下单的"接派单平台"。

再加上他们的服务还囊括检查、品质保证、产品交付等内容，对于中小加工企业来说，通过这一平台就可以稳定地接到自己擅长领域的加工订单。这个平台，可以说是能促成派单方、加工业者、CADDi 公司三赢局面的服务系统。

2022 年，这家公司还开发了一个名为"CADDi Drawer"的云服务系统。

这个系统可以通过算法对图纸数据进行自动解析，并将图纸记载的尺寸、记号、文本等信息转化成结构化数据保存。用户可以根据形状特征，从过去的图纸库中快速地查找到必要的图纸。这种类似图像搜索的功能，使得用户可以参考过去的类似图纸和派单数据对成本进行预估。

这些内容听起来可能有点艰涩……

总之，通过数字化转型以及独创的系统，通过目前能够想到的各种方案可以解决对中小微制造企业来说比较棘手的各种问题。

这家公司提供的平台应该可以像两年上传了 500 万件 CAD 数据的三住集团[1]一样，成为日本中小微制造企业的有力伙伴。

想要靠自己公司做点什么，但总是无法踏出第一步的时候，

---

[1] 三住集团旗下有个名为 Meviy 的平台，通过这个平台，可以直接用 3D 数据来进行报价、下单、生产，不必再做一份 2D 数据，极大地减少了图纸设计人员和采购人员的工时。

就委托这类公司试试看吧！从那开始，说不定会由于什么机遇而得到飞跃式的成长也说不定。

这家公司打破了日本制造业长年养成的多重下包金字塔结构，将其重构为扁平化结构。它可谓是日本中小微制造企业的一颗希望之星。

这家公司明白，日本制造业的力量来源于中小微制造企业的力量。我希望像这样的公司不断发展壮大，把日本的制造力传播到世界各地。

工匠技艺的自动化

正如燕三条的案例所示，我认为"工匠技艺的自动化"是中小微企业最重要的课题之一。

就拿苹果公司的 iPod 外壳打磨的订单来说吧，如果那项工作可以通过自动化来完成，量产订单就不会被派给其他国家。

现在，中国也在不断推进自动化、机器人化。

本来就比日本产品价格更便宜的海外都在推进自动化，可日本中小微企业在自动化方面却几乎没有进展。

这是为什么呢？因为现有的工作量不需要自动化！

泡沫经济崩溃的时候，日本的各个厂商如果没有把所有的生产工作都转移到海外，如果把技术含量较高的工作留给日本的下包企业，那现在的日本说不定就已经成为自动化、机器人化遍地开花的"世界工厂"了。

然而，30年前大批出走海外的各种产品，没有再回到日本。而是在异国他乡扎根成长，开出了灿烂的花朵。

有段时间大家喊着产业回归，但回归的只是极少一部分厂商，而且所使用的零部件依然是从海外运输回来的。也就是说这些回归，绝大多数对我们中小微企业来说毫无意义。

十几年前我就在呼吁产业自动化。

当时的生产作业几乎都是人力操作，但我面对偶然来采访的地方电视台，曾讲出这样的豪言壮语——要把从绕线、切焊到装箱的全部工序都自动化，"今后凭靠这个把流失到海外的工作拿回日本！"

可是无论怎样等待，都没有什么像样的工作找过来。

没有那种需要自动化才能完成的大量工作。

我们公司最近的目标是，在高密度线圈加工方面（弯曲、压缩、铸型、模压）实现自动化。

不过，这也是因为最近终于有很多公司来找我们商讨高密度线圈的量产工作了。

/ 第六章 "SHIN·日本制造"的课题与理想 /

针对这些工艺完成量产自动化是件非常困难的事。

因为这意味着要将"工匠技艺"自动化。

采取现在的各种技术,倒也不是办不到。所以我们会齐心协力探讨方案,将这项困难的任务逐个攻破,一步一步地实现自动化。

只要能完成这个自动化目标,我们就能实现在日本的高密度线圈量产化。如果做不到自动化量产,那就只能尽量选择在人工费便宜的国家进行量产工作。可是,这么一来,我们所做的不过是在重复过去的错误罢了。因此,不管怎么想,日本制造的复兴只能靠"工匠技艺的自动化"。

日本的中小微企业,个个都身怀制造绝技。

前面提到的车床工匠岩井先生和燕三条,都是用年代久远的机器实现了难以置信的制造精度。

通过机器的声音、触感,制造出别人做不出来的产品,有点类似超级厨师运用"秘制调料"做出美味的食物。

我认为应该实现这种技术的自动化。

普通的自动化机器,哪里都能造出来。在这方面更有优势的一定是资金充足的大型厂商或完成了量产系统化的制造业大国。所以我们要做的不仅是自动化,而是"工匠技艺的自动化"。

电视上经常播放点心工厂、食品工厂自动化生产的视频画面。从投入材料到装袋、装箱，基本上不需要人工操作，很快就生产出海量产品。但在全自动化的流程中，一定加入了类似秘技一样的微妙配合，通过调整时机、顺序等发挥出工匠技艺。

各位恐怕会认为这种方案只适用于食品加工业。但实际上却不限于此。

在我看来，我们这种零部件制造业比食品加工业更适合自动化。

因为零部件制造的规格是早就确定好的，所以更适合自动化这种能够大量生产统一产品的方法。制造零部件的材料也不像食品加工那样多种多样，使用同一种材料的情况比较多。

不过，在我提倡的"工匠技术的自动化"面前，有一只十分难搞的拦路虎。想要把工匠技术自动化，那这件事非工匠本人去做不可。但工匠本人怎么可能会有制造自动化机器的技术呢？制造自动化机器这件事必须得委托其他人去做。

那么，应该把这项工匠技术自动化的任务委托给谁呢？

最好还是雇佣能够制造自动化机器的技术人员来自家公司工作。如果很难办到的话，也可以委托给附近靠谱的机械制造厂，或者个人。

总而言之要避开大型机械厂商。因为我在这件事上吃过亏。那大概是40年前，我们公司把我们的绕线技术全部公开给了绕线机的厂商，委托他们做全自动绕线机。

/ 第六章 "SHIN・日本制造"的课题与理想 /

当年,绕线机厂商和线圈制造商是共存共荣的关系,我们把技术交给绕线机厂商,他们再按照得到的信息制造机器。可是,随着泡沫经济的崩溃,这种共生关系也破裂了。

泡沫经济崩坏后,大厂商开始向海外进行产业转移,那家绕线机厂商把凝聚着我们技术结晶的自动化机器,作为一般产品卖给了我们当年的分包母公司。

一旦把专用自动化机器交给厂商,我们这些中小微企业就毫无用武之地了。所以为了保护我们自己公司的技术,变得十分神经质也是没有办法的事。

我们中小微企业开发自动化机器所面临的壁垒又高又厚,但首先要确认的是,实际从事这项工作的人要有想去开发这种机器的意愿,否则一切免谈。

如果想要实现制造业兴国的目标,我们这些中小微企业就必须要打破这巨大的壁垒才行。

现在,正是建设智慧工厂的时机

包括我们公司在内,现在的日本中小微企业多数都是靠人工在进行产品制造。然而,中小微企业也差不多应该开始认真考虑一下机器人作业了。

这几年来，工业机器人技术有了飞跃性的进展，价格方面和使用难度方面也有了很大的变化。不像以前，工业机器人的价格又高、体积又大，根本不是我们这些中小微企业能考虑的产品。现在已经可以用较低的价格，小规模地进行机器人作业了。

现阶段，小规模工业机器人主要是销往以中国为主的海外市场。对于日本的最新技术活跃在国外竞争对手的家里这种状况，我感受到了强烈的危机感。这样下去，日本制造业的订单不是会加速向海外流失吗？这让我感到恐惧。

然而，如果在这个阶段，我们这些中小微企业能够导入工业机器人技术，利用机器人进行各种作业，提高生产效率的话，那反过来不就能加速"SHIN·日本制造"的发展了吗？

请各位读者一定要开始研究自己公司的生产制造有哪些工序可以导入自动化，现在就去找找看吧。除了工业机器人，还要果敢地尝试推进数字化、物联网化，千万不要放弃建设智慧工厂这个目标。

在机器人化、自动化之后，也不能懈怠，还要在使用过程中不断使之进化升级才行。

在撰写这本书的时候，我进行了各种各样的学习，才意识到这一点。

/ 第六章 "SHIN·日本制造"的课题与理想 /

不要一味等待大企业把生产工厂转移回国，而是要抓紧时间做力所能及之事，推进自动化、机器人化。

现在，随着少子化、老龄化的程度逐年加深，日本的劳动人口在逐年减少。今后，与其发广告猛招工人，还不如使用工业机器人来得划算。

机器人不需要加班费，也不需要节假日加班补贴，也不会产生劳动纠纷，只要好好进行维护，通过各种监视装置进行管理，工作就一定能在预计时间内完成。

我认为，为了将来的自动化考虑，也应该尽早熟悉自动化机器和机器人才是。也许我们也会开始培养能够制造自动化机器的人才。

以电子零部件的巨人村田制作所为例

电子零部件的巨人村田制作所，很早就完成了业务自动化，在全世界都具有很强的存在感。

他们公司的主力产品——层叠陶瓷电容器，始终保有世界第一的市场份额。他们的其他产品占目标市场的份额也很高，比方说被使用于笔记本电脑等产品的能够检测外部冲击幅度的震动传感器，占目标市场的95%；被使用于家电、通信器材、电脑、汽车电子元器件等的陶瓷振荡器占目标市场的75%；而手机等产品使用的声表面滤波器、近距离无线通信模块等通信相关的零部件，也都占目标市场的50%以上，可以说是现在日本代表性的电子零部件专业厂商。

稳定生产高品质产品的村田制作所依赖的是持续不断的生产品质革新活动。

这家公司拥有1000多名"优化师"。他们并不是为了优化改善产品而特别雇佣的人才，一开始都只是当地工厂的工人。想要被聘任为优化师，首先要在普通工作中表现突出，这样才有机会作为优化师候补接受相关培训，此后还要在车间工作，拿出成本优化的实际成绩来证明自己的水平才行。这些优化师不断地对工序进行优化改良，不断地创造出质量更高、附加值更高的产品。

这家公司还会根据"短期现场优化培训"制度，从这些优化师中选拔出一些人员，派往村田制作所的另一家生产子公司进行为期半年的培训。因为新的生产车间与之前工作涉及的工序内容不同，员工生产方面的经验和知识就能得到扩充，还可以从一个全新的视角来审视工序的成本削减与品质提升，而这些都可能成为发现全新优化点的契机。

此外，他们还在推进"把权限交给现场"，使直接与顾客

/ 第六章 "SHIN·日本制造"的课题与理想 /

交涉的人员能够迅速决策；而开发人员也可以堂堂正正地进行"桌子底下的开发"（指通常不被允许的开发），形成了相对宽容的职场氛围。

制造越来越小的电子零部件，需要将数百层厚度为数微米的陶瓷片分毫不差地整齐层叠起来，切割成沙粒大小的碎片再进行烧制，单是想想都觉得是一系列艰巨的工作。

他们正在推进包括这种"工匠技术"在内的大部分生产过程的自动化工作，追求高精度、高效率制造，并致力于建成"智慧工厂"，进一步提高生产力。

这家公司已经拥有自动化程度很高的工厂，却还在能够左右品质的工序施以人工干预，就是为了利用人类五感所得到的信息和经验。

擅长细致工作的日本制造在品质方面完全是世界顶级水平，但在劳动人口不断减少的现在，想要维持日本制造的品质和地位，就必须活用自动化机器和机器人才行。

今后，作为提高电子机器性能的必要零部件，电容器的需求量也会激增。一台"翻盖手机"需要的电容器数量为200个，一台高端智能手机需要1000个，而一台未来有望普及的高端电动汽车需要的电容器数量将会是高端智能手机的10倍。

村田制作所是通过电子机器"隐藏的核心零部件"占据了四成（以金额计算）世界市场的头部企业。这些零部件的使用场景越多，村田制作所在电子机器业界里的存在感就会越强。

成为日本的大型零部件制造商就是我们的终极目标吗？

我一直在呼吁的"SHIN·日本制造"已经被这些日本零部件制造商继承、培育，并以其他国家难以超越的水平持续领先。

我一直念叨的、追求的答案已经出现了。

包括村田制作所在内的那些世界闻名的伟大的日本厂商，其实也是从小公司发展起来的，那么，那些小小的公司为什么能成长为现在这样了不起的企业呢？

一句话：

"经营者的志向。"

如果满足于现状，就会停滞不前。

要有想从现在的状态抽身，成为比现在高一个层次的公司的志向。实现之后马上以更高的层次为目标。如果在自己这代无法实现，那就把梦想托付给下一代。

像这样不忘记自己的梦想与志向，怀着坚定的信念不断努力，梦想就一定会实现。

/ 第六章 "SHIN·日本制造"的课题与理想 /

虽然为时已晚，但我也已经思考了十几年了。

现如今，我终于找到了方向。

那以后要如何实现我的梦想？

我今年75岁，已经是被称为高龄老人的年纪，所以我还要与寿命作斗争。我不知道自己能够将梦想实现到什么程度，说不定要将我所面临的难题托付给下一代来解决。

话虽如此，因为与案例的事业规模、资本相差很大，说什么"就是以此为目标"也还是会觉得难以想象吧。

不过，有一家和我们身处同样环境的公司，虽然没有村田制作所那么大的规模，却也取得了成果。

下面要介绍的，就是我想作为目标的公司。我认为，这家公司所呈现的正是我们中小微企业理想中的形态。

如今，我们的目标是南信精机制作所

位于长野县上伊那郡饭岛町的南信精机制作所，正在实践着我们这些中小微企业的目标——努力推进本公司生产自动化。

这家公司的网站写着这样一段话：

"本公司以金属切削业务起家，在精压机、精密塑料领域精耕 60 年，独立开发出精压塑料（嵌件/外嵌件成型）技术，并对其进行不断优化。

"为了向客户提供有价值的技术提案和品质可靠的产品，本公司将全程参与开发、设计、量产环节，以确保产品的质量稳定、优秀。除了模具之外，我们还开发制造了能够实现高效生产的自动化机器，建立起了集成生产系统。相信您会对我们高水平的质量、交期和定价感到满意。

"此外，为了支持客户的全球化经营，本公司在中国、越南都设有生产基地，确保您在全世界都能买到值得信赖的南信精机零部件。今后我们也将发挥各工厂的长处，在迅速满足客户需求与时代需求的同时，扩大核心零部件及关键安全零部件的销售。"

如同他们在公司网站中写到的那样，该公司建立起了塑料模具制作、塑料成型、冲压模具、冲压加工等产品和工序都在公司内完成的生产体制，并凭借公司内部资源制造了自动化机器，来自动连续生产这些零部件。成为包括所谓的嵌件成型在内，拥有集成化的复合加工自动化生产线的公司。

一般来说，厂商会分别订购塑料零部件和冲压零部件，再在本公司进行组装，但通过这家公司的自动化技术，却可以将

/ 第六章 "SHIN·日本制造"的课题与理想 /

这些生产步骤一次性完成。

这种集成技术采用微米级精度的模具进行零部件的拼接，因此其产品比出模后拼接的更牢靠，也更便于后期组装。

这一自动化生产线不断地进化升级，生产出的产品品质提升，成本下降。这对于厂商来说，对于南信精机来说，都是最棒的生产制造模式。

我与南信精机的社长是在2016年长野县组织的越南考察团结识的，自那以后我们一直保持着联系。

片桐社长不过40多岁，为人认真谨慎且颇有主见，是那种能够带领公司不断发展壮大的年轻社长。

2018年，在长野县为了表彰本地的制造企业而每年举办的"制造大奖NAGANO 2018"上，偶然地，本公司和南信精机都获得了"制造大奖"，而最高奖则会在表彰仪式当天发布。我本以为最高奖一定会是南信精机的囊中之物，没想到却颁给了我们公司。

我在表彰仪式的采访中曾说："这奖怎么想都应该是南信精机的吧。"看到南信精机之后的发展，我就觉得最高奖非南信精机莫属。

从爷爷那代算起，2013年就任的片桐社长已经是南信精机的第三代社长。"为什么能够这么快就构筑了我们理想中的系统呢？"面对这一问题，片桐社长回答说："我的父亲并没有追求过这种荣誉和名号。只不过我们公司附近刚好没有铸模厂，也没有机械制造厂，我们无可奈何之下只能自己动手。"

问起他们为何早在1993年、1994年就去往中国香港和东莞筹办建立工厂的事，本以为他会讲出什么令人感佩的理由，结果他也只是回答："因为日元汇率暴涨，客户都去海外寻找供应商了。所以我们只好跟着一起出去了。"

不过，虽说是有这些"偶然"的原因，他们在中国、越南也建起了同样的自动化工厂，并根据客户的要求，在日本增设了4家工厂，此外还有新的工厂扩建计划。根据2021年9月的结算，包括海外工厂在内，他们的整体营业额已高达108亿日元。他们的公司能做到这个规模，一定有非常明晰的经营方针。

显然，南信精机所前进的方向，就是我在本书中不断念叨的中小微企业应该选择的道路之一。

厂商们应该停止从别国进口零部件，转而向这样的公司不断发出订单。

并切切实实地从日本采购便宜零部件。

已经把所有产线都搬迁到海外的厂商，应该在扩建工厂的时候考虑把产线设在日本国内，而不是继续进行海外扩张。

通过在日本国内的产线，发挥日本制造独有优势的同时，还应该尽量与自己公司附近的优秀中小零部件厂商合作。

/ 第六章 "SHIN·日本制造"的课题与理想 /

鼓励自家的下包公司发展自动化,即使需要出手帮忙,也要使目前需要工匠技艺才能处理的特殊零部件实现自动化生产。通过自动化,实现整齐划一、毫无偏差的日本品质,制造出"SHIN·日本制造产品"。

南信精机必定能借着EV化的东风,得到更多关注,越飞越高。

我想在这里大声呼吁:

"日本的中小微企业,以南信精机为目标吧!"

各位,南信精机这个例子如何?

我想,像南信精机这样,能够成为下一个时代发展基石的先进中小微企业,恐怕已经开始在各处生根发芽了吧。

第七章

实现"SHIN·日本制造"
所必需的心理建设

向代表日本的经营者学习

思考了这么多有关日本企业发展方向的事之后，来说一下在思考发展方向的同时必须学习的东西。

那就是"心理建设"与"思考方法"。

2021年，一本名为《稻盛与永守》[1]（名和高司著，日本经济新闻出版社）的书出版。我也曾思考自己的想法是不是异端，但在阅读这本书的过程中，我对书中两人的心态、思维方式产生了很多共鸣，也对自己的想法产生了自信。

这两名经营者，没有被经济全球化的浪潮拍昏头，而是坚持各自的经营理念，展现了日本的经营者特质。我以前曾作为稻盛先生主办的盛和塾的学生，参加盛和塾在京都举办的全国大会。在盛和塾学习的各位中小微企业社长都在大会上进行了

---

[1] 稻盛指稻盛和夫（1932—2022），世界500强企业京瓷公司和凯迪迪爱创始人，稻盛财团创始人，经营者学习会盛和塾（已于2019年解散）创始人，日本著名商业实业家。
永守指永守重信（1944— ），日本电产株式会社社长，日本实业家。

成果总结，针对大家发言的内容，稻盛先生礼貌又不失严格地发表了讲话。

比如"不必谦虚，继续努力""动机是否纯良，可曾带有私心""今日要胜过昨日，明日要胜过今日"等，在现场听到这些言语的我深受感动，这些既有魄力又有说服力的名言后来一直挂在我们嘴边。

永守先生至今已经完成60家公司的并购，使多家"凉透了"的公司起死回生，因此被誉为拥有"永守魔术"的经营者。

读过《稻盛与永守》之后，我意识到一件事，那就是这两个人的经营方针都有着一往无前的特点。无论境况多么糟糕，无论有多少杂音来干扰，这两个人都毫不动摇，只是沿着自己认定的路走下去。

人们常说，公司有其"基本的思考方法"，即公司会运用"理念经营"。但我认为，"理念经营"的根本并不在公司，而是在经营者的信念。

迄今为止，我说过很多大公司雇佣的社长经营方法不对的话，我当时的想法很简单：大企业当社长是持有人的时候经营情况还是很不错的，小企业因为经营者基本都是持有人所以一定会拼命想办法解决问题。但在阅读这本书之后，我意识到事情不完全像我说的那样。

重要的不是企业规模的大小，也不是企业经营者的身份（创

/ 第七章 实现"SHIN·日本制造"所必需的心理建设 /

立者或打工人），这些其实都无关紧要。最重要的是，经营者是否有信念。

积极地活着

读过这本书之后，还有一件事使我感到意外——稻盛先生和永守先生居然都是中村天风[1]老师的信徒。

提起受过天风老师影响的人，首先要说到著名的松下幸之助[2]，此外还有原敬[3]、宇野千代[4]、双叶山定次[5]、广冈达朗[6]，以及最近很出名的松冈修造[7]、大谷翔平[8]等。松冈修造那积极向上的比赛解说，不仅给予选手鼓励，也给予观众希望。大谷

---

1 中村天风（1876—1968）：日本作家，思想家，哲学家，实业家，瑜伽修行者。孙中山的友人，天风会创始人。本名中村三郎。
2 松下幸之助（1894—1989）：日本实业家，发明家，作家，松下电器创始人，被称为日本的"经营之神"。
3 原敬（1856—1921）：日本外交官，政治家，大阪每日新闻报社社长。曾任日本首相，被称为"平民宰相"，1921年11月4日在东京站被暗杀。
4 宇野千代（1897—1996）：日本小说家，随笔家，编辑。
5 双叶山定次（1912—1968）：日本相扑力士，第35代横纲（日本相扑最高称号）。本名穐吉定次。
6 广冈达朗（1932— ）：日本原职业棒球选手，原职业棒球教练，职业棒球解说。
7 松冈修造（1967— ）：日本艺人，体育解说，原职业网球手。
8 大谷翔平（1994— ）：日本职业棒球手。

翔平选手的积极行动也可谓是对天风哲学的实践。而今，大谷选手不仅是日本的名人，还成了美国的大明星。

20年前，我每天都会读一段天风先生的著作《开拓命运》。虽然这本书已经被我翻阅得很破旧了，但我依旧十分珍爱这本书，实在不想买本新的代替。在反复翻阅这本书的同时，也反复从书中得到新的知识和感动，我的思维方式也变得逐渐接近天风老师。

所以，听闻大谷选手也是《开拓命运》的书迷时，我立刻理解了他为何能无惧苦难，大放异彩。

"积极"这个词语贯穿了全书，即"无论陷入何种境地都应该抱有积极的精神"，坚持正向思维。

作为经营者，总会遭遇各种大大小小的困境和苦难。

到那时，经营者如果认为"啊，没戏了"，这家公司也就完蛋了。天风老师教育我们，就算陷入"没戏唱"的困境，也要思考"现在能做什么"，总之必须把"要为之事""能为之事"先做好，向前看、不回头才是最重要的。

/ 第七章　实现"SHIN·日本制造"所必需的心理建设 /

价值观不要被制造业的常识所局限

除了积极的态度之外,这两位伟大的经营者都认同一种价值观:"不被常识所局限,靠自己的双手开拓未来。"

以前,日本是心怀自信与自豪的,可随着经济逐渐低迷,日本出现了非常严重的自我否定风潮,认为在各方面都应该学习西方的思维方式。

其中"终身雇佣制""年功序列制"被认为是保守落后的制度,应该转变为以实力至上主义的定期合同制为主的形态,否则日本将失去世界竞争力。"尽量减少正式员工(终身雇佣)的名额,活用派遣员工,是使人力成本从固定成本变为变动成本的诀窍。"像是这类论调逐渐盛行,并被很多经营者奉为圭臬。这很成问题。在海外,这种做法或许不错,但这种纯理性的做法真的适合日本吗?

的确,如果今时今日仍然完全按照"终身雇佣制""年功序列制"来处理人事关系是非常离谱的。但是,我认为这两种制度是日本的基石。当今世上,消费者的购买需求从购"物"转向购买"体验",服务经济、互联网经济不断发展。

可是请大家好好想想,无论技术有多先进,数字化有多厉害,不还得靠实际存在的机器来实现吗?没有实际存在的零部件，就没有智能手机，就没有电动机动车。也就是说，人和物质的力量永远是最重要的。

千万不要有世道变了，"生产制造已经没戏了"这种想法。我们应该对现在所做的工作充满信心和自豪，或者更确切地说，我们应该做能让我们感到自豪的工作。

日本人自古以来就是靠着团结互助的精神跨越种种危机的。比方说日本"3·11"大地震的时候，整齐排队领取赈灾物资的人们，以及在艰难的情况下帮助比自己更弱小者的人们……都被海外媒体报道了多次。而被这些人们感染了的外国人纷纷称赞日本，甚至捐钱捐物。

这里可能有些离题了，不过我不是想说日本人比其他国家的人优秀，而是想说日本人在某些方面有着十分出色的价值观。想告诉大家，只有不为世界的标准所束缚，努力培养日本独特的价值观，才有可能在生产制造方面获得震惊世界的成就。

大家的公司是什么样的形态

虽然向大家披露了我的"公司论"，但我并不是本公司的

/ 第七章　实现"SHIN·日本制造"所必需的心理建设 /

创立人。而且我本来也不想当社长，完全是不得已而为之。就像我在前面说过的，我就是个为情势所迫不得已"上任"的社长。

所以我当时就想，反正逃不过去，不如就努力实现身为打工人时候对公司的畅想吧。我想的是：打造一个让公司员工都能生龙活虎、心情开朗的职场。

我们公司的名字 SELCO 来自英文的"self-control"。公司名称的由来我是进入公司之后才知道的，但是还没当上社长的时候我曾拜托熟识的英语辅导班老师，请他根据我们的公司名写个看起来帅气的企业理念。当时创作出来的口号是"Harmony & Prosperity in Self-controlled people"。后来，我们把这句话翻译成了日语，意为"通过自我管理，实现和谐繁荣"。

从哲学层面来看，自我管理就是"自我控制""自我认知""潜在意识的变革"等，仿佛修行多年的禅僧到达的境界。不过从工作层面来讲，就简单多了。

"首先要保有自我意识，不要单纯地听命令行事，而是要有主观能动性，自己思考，提前行动。"无论行动的结果如何，只要拥有主观能动性，就能在行动中获得经验和成长。而对于一家公司来说，员工的成长是最为重要的。也就是说，督促自我行动的自我管理十分重要。

此外，通过自我管理，员工提高了主观能动性，就能产生自我认知，发生难以想象的变化。还能因此培养出对他人的体贴之心。可能大家会担心重视主观能动性会产生大量以自我为中心的人，说实话我一点儿都不担心，反而很乐意发生这样的情况。公司员工能够互相了解对方的长处，理解对方想做的事，就能相互协调奔着一个目标努力。这样一来，前方必定是和谐繁荣。从结果而言，自我管理是实现理想不可或缺的要素。

很多企业的经营理念都在强调"社会贡献""提供新的价值"等对外相关的内容。而我们SELCO的理念则是"自我的确立与成长"，是对内（员工）的内容。

只不过，培育这种自我管理文化要十分小心，如果用错了方法可能会招致巨大的失败。

思维变更要从上至下

下面就来介绍一下我在培育自我管理文化的过程中经历过的失败吧。

我曾在参加自我启蒙研讨会之后获得了灵感和觉醒。所以就理所当然地认为，不论谁参加这个研讨会，都会获得巨大的进步。甚至认真地觉得，如果全公司的员工都参加这个研讨会，那SELCO就能很快变成我理想中的公司。于是我就向这家举

/ 第七章 实现"SHIN·日本制造"所必需的心理建设 /

办自我启蒙研讨会的公司提出了申请,请他们来我们公司讲课。研讨会要求全体学员集中学习2～3天,每位学员需要参加4次,我为员工们报名花了几百万日元。

结果却出乎我的意料,我的员工和公司都没有任何改变。很明显,我失败了。我深刻地意识到,公司不可能一下子大变样。同时也意识到,在小公司,人员录取和培训都是社长分内的工作。

研讨会过后,我和每一名员工单独进行了谈话,倾听他们各自的苦恼和所面临的问题。如何处理他们的苦恼和问题,是经营者的重要职责。此外,通过这次面谈,我发现我们公司各位员工有着很高的潜能。

所以我开始考虑使公司转变成容易进行自我管理的组织。现在的SELCO很接近我理想中的公司,呈现出倒金字塔形的组织形态。

社长要成为超级后援

SELCO自创立以来一直是金字塔形态的组织架构,而我却大胆地让它转变为倒金字塔形(不过现在我们是扁平式组织架构，即社长为顶点，下面一排部门组织）。

我是这么考虑的，公司最重要的就是在生产一线的工人、检查人员、生产管理人员，他们的课长和部长应该作为后援，给予他们指导和援助。而社长应该成为全公司的后援，即超级后援。

一开始的时候，这种转变当然导致了一些混乱。

系长、课长都不知道自己应该做什么。

虽说让大家自己思考应该做什么，可具体工作人员却不知道自己应该做什么才好。

不过，随着时间的推移，各部门、小组（根据客户分为不同的生产小组）充满了活力，能十分顺畅地运转起来了。

我最看好的管理部门是这样的：每一个客户都由一名生产管理负责人员全权负责，从接单到采购、发货（向制造方、外包方下单和确认，从制造方、外包方收货并发货给客户），全程专人对接，绝不允许发生任何品质问题。

对于40~50人的小公司，倒金字塔形的组织架构比金字塔形架构更容易进行沟通，社长的想法更容易传达给每个人。虽说这种架构会给社长带来很大的负担，但利大于弊。

此外，为一线工人提供最便于工作的环境非常重要。

我们公司的运转情况是这样的：负责生产管理的人员会及时与车间的小组长共享客户订单及今后的合作意向等信息。如

/ 第七章 实现"SHIN·日本制造"所必需的心理建设 /

果遇到材料欠缺、人手不足，或是外包公司交期延迟，或是由于品质问题导致生产混乱，又或是运输问题导致发货延迟等状况，他们会尽早向上级（一般来说都是社长）汇报，同时尽量自己解决问题。

在这方面，各生产管理人员的技能水平不同，有时候也会向后援求助。但通过各种求助，他们的技能也会慢慢提升，就这样主要的生产工作也会慢慢地变得顺畅起来。

当然，对于公司来说，遇到价格问题、品质问题、交期问题等都是家常便饭。但因为能够马上联系到社长和会长（我），所以员工如果遇到了自己解决不了的事，就会马上跑来商量对策。

最近，主要都是社长来负责解决这些问题了，不过我偶尔也会出马。

理想的社长与会长的关系

和员工与经营管理层的关系同样重要的，就是社长与会长的关系。中小微企业通常是由创立人的孩子继承社长一职。对于这种世袭制，恐怕有人会觉得不妥，不过我倒是觉得很好。

SELCO现在就是世袭制，2020年继承我的位子，就任社长的是我儿子。

当然这事并不简单，实际上状况现在才稳定下来。现任社长与以管理为中心的我不同，对公司各个部门的业务都很精通。在机器、品质管理、系统、人际关系等方面，他都积极主动地去发现问题、解决问题。不怕你们笑话我像溺爱孩子的糊涂家长，我是真的认为这样努力的儿子非常出色。

在经营方面，我仍以法人代表的身份在公司任会长一职。我的办公桌旁边就是社长的办公桌，一旦有什么问题，都是两个人一起商讨决定。不过最近，如果是日常生产上的问题，我基本不会插手，只有与公司的基本原则或是方向性有关的问题才会参与。

虽说我们公司在继承方面过渡得非常顺利，但绝大多数公司都很难做到这样。

这里面最大的问题可能就是理念与愿景的认知差异。

而在我儿子进入公司以来的这16年中，我在晨会、新闻、电视节目，以及在客户面前作公司产品介绍的时候，讲的都是同样的东西，所以，当我儿子第一次出现在电视上的时候，才能讲得与我分毫不差。

虽然我没有给他面授过任何相关的东西，但他还是准确地捕捉到了我在各处讲话的重点。

/ 第七章 实现"SHIN·日本制造" 所必需的心理建设 /

社长这个位置是孤独的。无人可依的我,在社长时代独自做出了很多重要的判断。只要走错一步,员工们就会陷入迷茫,在这种压力之下我每天都在思考:"我所做的决定真的正确吗?""是不是有更好的选择呢?"在员工面前自信满满的我,内心时常在与孤独、不安作斗争。

实话说,我儿子现在的新社长生活真的非常轻松。普通的社长要经历各种痛苦的决策过程,但我就坐在我儿子旁边,可以随时与他探讨问题,为他提供建议。

不过,最终他还是要靠自己去进行各种决策,也不得不去经历各种困难。到那时,我希望他能想想"如果是父亲的话,就会……"再进行决策。

建立与社长的协作机制

"新老社长交替之后,退休的原社长就不要再掺和公司事务了。"——按照世间的常识来说,是这样没错。

虽说我已经75岁了,但我身体状态还不算衰弱,精神上还想要学习更多,所以完全没有退休的想法。

特别是,我还有"让高密度线圈在全世界应用"的梦想。

我不会把这个梦想让给任何人。所以有关高密度线圈的大型项目都是我在一线推销，相关宣传也都是我在策划。

现在，在产业用装置、汽车零部件等方面，都有本公司高密度线圈的身影。而且慢慢地，也有一些高精度传感器之类的高科技公司来找我们下单。

3年前我在公司启动的人才招聘计划，现在由社长和我两人负责。这样一来，需要确认的要点比一个人负责判断的时候多了很多，但人才录用的精度也提高了。

在经营方面，我们"只接受认为高密度线圈有必要的客户"。在人才录取方面，我们在招聘公告里写了类似这样的话："只录取认为在本公司工作有意义，想通过工作得到自身成长的人。"

实际上，只是为了赚钱才来我们公司就职的话，我们会觉得很困扰。在这方面，新社长与我的意见一致。此外，我们所负责的事项不同，所以没有比较大的分歧。

第八章

信念与信赖

看不到希望也要"坚持前行"的勇气

前面几章我从具体的技术到心理建设,讲了很多有关如何巩固日本制造地位的方法论。最后我想说说"信念与信赖"这个话题。

虽然想要说的话有很多,但我首先要明确提出我的观点:信念就是"持续思考的事""持续去做的事",而信赖就是"信任且不会质疑的事",对于员工来说这些都非常重要。不过,知易行难,想要贯彻这些非常不容易。

很多经营者、成功者都提到过心怀信念的重要性。前面介绍的稻盛先生、永守先生等人也都是心怀信念之人。

想要心怀信念,无论时代怎样改变,无论事态如何发展,无论需要花费多少时间,都必须要有坚持独立思考的觉悟。这完全是个人问题。对于经营者来说更是如此。

那么,让我们来思考一下:为了心怀信念要怎样做呢?

稻盛先生和永守先生推崇的中村天风老师的《开拓命运》

一书中的话，为我带来了启示：

"信念的重要之处大多数人都知道，但是，能够在现实中坚持信念的人却是极少数。"

"现在，我心怀力量、勇气和信念，重获新生，并以新的活力，准备展示我作为一个正直的人的真正潜力，并履行我应尽的职责。"

"无论发生了什么，都要心怀力量、勇气与信念来面对。"这就是天风老师所说的话。我们就是因为对自己不够信任，没有信念，才会依赖于占卜，投入宗教的怀抱，陷入迷信的陷阱，倾向于依靠外力而活。

我们这些中小微企业的社长，难以找到可以商量的对象，不得不独自思考，独自决策来克服种种困难。所以很容易就会想要依赖于超越人类智慧的什么存在。我很理解这样的想法，但在天风哲学看来，"这就是缺乏自信（没有信念）的表现"。

此外，天风先生还说：

"人真正的价值不在宝石，也非黄金，绝不是地位，更不是名誉。无论如何学习，获取多少金钱，没有信念之人的人生是悲哀的。"

20多年前，我除了"每日一句"地阅读这本书，还与自己做了约定。如此，我才能抛弃摇摆不定的"旧我"，成为拥有信念的"新我"。我认为，坚定信念是我们中小微企业经营者必须学习的事。

遵守对自己的诺言

天风老师还告诉我们，为了萌生信念并使其更加坚定，习惯很重要。

当自己决定"今天就动手"的时候，就要遵守与自己的约定，必须今天动手去做。必须养成这个习惯才行。

20多年前，我还不是社长，有一次我和其他的公司干部一起在日本新潟的一家公司开深夜研讨会。

早上6点半左右，那家公司的全体工作人员就主动来到公司，一起清理庭院、擦玻璃，然后做俯卧撑，做热身运动，绕着附近的农田跑步，做广播体操，最后再开早会……我们想要把这样的公司文化带到自己的公司，于是所有的公司干部开始搞清晨扫除。

虽说我们不跑步，但我们把体操作为日常功课之一，并且在早上上班前的30分钟打扫庭院。后来公司无单可做，我当了社长,这个早上打扫的习惯就丢失了。毕竟,还不知道公司会变成什么样的时候,谁还有心思搞卫生啊?

不过,我自己一个人坚持了这个习惯。

这 20 多年来,只要不是出差或者休息日,我都会提前 1 个小时到公司打扫卫生。这个习惯对我强化信念很有用处。

除了这个习惯,我在之后的各种学习中又培养了各种新习惯,以至于现在的习惯有很多。

我每天晚上 9 点睡觉,早上 4 点起床,有时候甚至 3 点就会起床。

因为早上的习惯太多了。

早上先洗脸,然后去拜祭已故的父母和祖先,做各种体操……加上在公司要做的事,全部加起来有 20 多项。

在公司进行扫除的时候,我当然也会用手机播放 YouTube,一边打扫一边听其他经营者的发言。

就像这样,每天遵守与自己的约定(习惯),长此以往,这些就会成为自己精神的支柱和自信的源泉。

/ 第八章　信念与信赖 /

坚持正向思考

关于信念，我最后想说的是心境。天风老师的哲学中经常用"积极地"这一词语，指的就是正向思考。

提到正向思考，很多人可能会认为："总之就是无论面对什么都往正面想喽？"就是这么回事。因为"心想事成"，人生的好坏常为心境、思维方式所左右。

人只要活着就要考虑很多事，其中有快乐也有不安、恐惧。被任何一种情绪支配了头脑，就会使思维模式和行为模式发生改变。特别是，情绪化成语言之后，就会更深入人的潜意识。

所以才要正向思考。

积极地、正向地思考，潜意识也会变得积极向上，思考产生变化，行为也会产生变化，事情就会好转，想要做的事也会更加顺利。为什么我可以如此断言呢？因为，只要本人是正向思考，即便遇到失败也能从结果中总结正向的经验，获取积极的感受和灵感。因此无论得到怎样的结果，都能将其转化为必要的经验，最终就能够心想事成。

关于正向思考，来举一个简单的例子吧。

在一个有月亮的傍晚，两个人站在一条混浊的河流旁边。

一个人感叹说："月亮真美，真不错啊！"

另一个人则在感叹:"这河也太脏了吧,真讨厌!"

这是我年轻时听人说过的一个故事,这两个人的话正是正向思考和消极思考的典型。

即使状况一样,也是既可以从好的方向考虑,也可以从坏的方向考虑。

比方说新冠疫情中的餐饮店经营。

在新冠病毒流行导致没客人上门的情况下,在抱头哀叹"这下完了"之前,要先把能做的事都做了再说。与其消沉下去,不如先领取政府发放的丰厚的雇佣调整补助金,一边生存下去,一边建立外卖体系,或者增加餐车服务。是否能把危机转变成机会,就在一念之间。

或许有人是天生的乐观主义者,但经营这件事不是只要有乐观精神就能轻松地做好的。

特别是中小微企业的经营者,必须最大限度地利用有限的资源。

这时,正向思维、正向思考,就成了必要条件。

2008年金融危机之后,我们公司一度完全没了订单,那时我对员工们这样说:

"今后无论发生什么,我都不会裁员的。"

"咱们公司总有一天会冲出重围,一鸣惊人。向着这样的

/ 第八章　信念与信赖 /

目标,一同克服困难吧!"

我不知道我的话到底感动了多少员工。业绩回升不是那么容易的事,在那之后,由于日本"3·11"大地震,我们又再一次跌落谷底……在这几经周折的漫长岁月里,有很多员工辞职,其中包括课长、系长级别的管理人员。大家对没有升职,没有加薪,没有奖金,只有不断地加班的这家公司,已经爱不起来了。

即便如此,我还是毫不动摇地贯彻了自己的信念。

从那以后过了 13 年,我们公司的业绩终于描绘出了前言中的上升曲线。

信赖

下面我们来说一说信赖这个话题吧。

我学生时代的毕业论文,是以当时美国心理学家道格拉斯·麦格雷戈的"X 理论与 Y 理论"为主题。

X 理论是以"人类只要放任不管就会偷懒'摸鱼'"为基调的性本恶理论,Y 理论则是以"人类就算放任不管也会自发地积极行动"为基调的性本善理论。

简而言之，X理论是"要对人抱有怀疑；要毫不松懈地监视员工，杜绝偷懒；要下达精确的命令"的管理方法。Y理论则是"用人不疑；尽量不要下达指令；放权给员工"的基于信赖的管理方法。

我以这两个理论为毕业论文的主题，去了一家信奉Y理论的公司进行问卷调查，完成了这篇论文。

这一主题，最终成了我一生要面对、研究的主题。

纵观我50多年，从普通打工人，到中间管理层，再到企业经营者的职业生涯，我关于X理论、Y理论的结论是：人无法单纯地用X理论、Y理论来区分。这可能是我的正向思维方式所得出的结论，我认为，"每一个人都希望自己的人生过得更加充实，在人生的过程中成长，取得某种属于自己的成功"。

不过，想要过得充实、取得成功，就必须要学习和努力，绝大多数人却并没有意识到这点。

我自认为比一般人对自己的人生有更多的思考，对眼前的工作更努力，是取得了属于自己的成功的人。可是，直到62岁我才真正注意到自己的潜能，认识到人生只有一次，意识到自己现在能做的都应该去尝试。

我撰写《站起来！中小微企业》就是在这个时期，此后我们才彻底确定了公司的方向，并沿着这个方向一直前进。

/ 第八章　信念与信赖 /

所以，无论是谁，认识到自己的潜能，并向着自己的目标努力的话，就应该能获取相应的成果。

我在公司的学习会中，曾对年轻人说：

"如果现在你们能够留意到自己的潜能，并为之努力的话，就一定能够干成大事！"

在那之后，我又进行了各种学习。

在学习了PM理论[1]、授权[2]、梅拉宾法则[3]、勒温组织变革模型[4]、7S[5]等各种方法、理论、技术之后，我最终明白了一点，那就是"信赖"。

无论经营者采用何种了不起的手段经营公司，只要没有"信赖"，那就毫无意义。

反过来，如果能构筑起信赖关系，就算是管理水平差的脆弱组织也能顺利前行。

---

1 PM理论：一种研究领导行为的理论，认为领导方式可以分为两类，以绩效为导向（performance directed）的领导方式和以维持群体关系为导向（maintenance directed）的领导方式。
2 授权：指授权管理，人力资源管理手段之一。
3 梅拉宾法则：该法则认为，人际交流中，语言的作用只占7％。是美国心理学家阿尔伯特·梅拉宾于1971年提出的理论。
4 勒温组织变革模型：是德国心理学家库尔特·勒温提出的解冻、变革、再冻结三阶段理论。
5 7S：是一种现场管理法，包括整理（seiri）、整顿（seiton）、清扫（seiso）、清洁（seiketsu）、素养（shitsuke）、安全（safety）和速度/节约（speed/saving）。

在面对客户或是分包工厂时也是如此。

如果只是接订单、绕线圈、收款这样的关系，如果只是发包、收货、付款这样的关系，是造不出来好产品的。

倒也不是说要形成多么亲密无间的关系，而是说，如果不能成为相互认可、相互间信赖的双赢关系，就无法成为真正的生意伙伴。

话是这么说，想要建立这样的关系可太难了。

人与人之间不是那么容易就能产生信赖的。

想要构筑真正的信赖关系，没有相当的时间和相当的深度交往不行。

每个人都觉得，如果是与学生时代的同学或是之前公司的同事成为朋友的话，因为没有了利害关系，所以会比较容易构筑信赖关系。工作关系必然包含了利害关系，所以与朋友关系不一样，没那么简单。

客户、合作伙伴、员工，基本上都是利害关系。

想要与和自己有利害关系的人构筑信赖关系，最基本的就是相互遵守约定，如果能够每次都遵守约定，双方就会越来越信任对方。

从邮件响应，到遵守交期、遵守合约等都属于构筑信赖关系的行为。

/ 第八章　信念与信赖 /

我的客户、合作伙伴之中，有不少人和我成了朋友。可能是我那豁达的性格、言行，使得我和同类人关系更加亲密。所以我在私人生活或是工作中，比一般人要多一些这样的朋友。

我认为，人生有多丰富多彩，有多幸福，取决于身边有多少信赖自己的人。在这点上，我认为我是幸运的。

纵观我和我的家人、员工的关系史，没什么值得我骄傲的内容。但，还是让我厚着脸皮简单说说吧。

我是作为普通员工被公司录取的。在我进公司之前，NEC生产的PC-8000等电脑刚刚问世，因为我做过教授BASIC语言的副业，所以进入SELCO之后的第一份工作是用BASIC语言编写一个包括生产管理、品质管理等内容的软件。

大约40年前，大企业还没开始用电脑进行生产管理的时候，我就做出了这么个管理软件。现在想来，那个软件真的非常好用，我真是写了一个出色的软件。

软件基本完成后，我开始负责生产管理的工作。

我接手这份工作后，虽然觉得非常有趣，但因为没有人在从事类似的工作，所以从最初的试产到量产、生产管理，几乎全是我一个人在负责。我每日在客户公司、外包公司各处奔走，拿到试作的订单之后，又要为了品质确认而奔走，周日（当时是单休）再把各种数据输入管理软件，完全是个"工作狂"。在软件完全落地前的一两年内，我没日没夜地工作，周日也不休息,甚至新年、黄金周、盂兰盆节[1]都没休假。

"很辛苦吧?"如果这么问我的话,我会回答完全不觉得辛苦。

我热爱工作,会在工作中感受到乐趣,完全不觉得工作是负担。

经常听人说长时间工作,会由于压力而出现精神状态方面的问题,但我认为那是被动工作而导致的问题,如果是主观想要去工作就不会这样。

不过这么一想,我真的是完全没做过任何"家庭服务"。

孩子开运动会的时候,也只是中午去学校一起吃了个盒饭,吃完马上就回去工作了。至于全家旅行更是几乎没有。

这种工作方式的结果,当然是公司的工作我全了然于心。

我一直很积极地促成公司内部的合理化。

与身为社长的哥哥商谈,与各位董事去其他公司参观学习,去负责其他的工厂……我开始作为二把手参与公司经营。

后来哥哥辞去了社长的职务,去了泰国。虽然当时放弃了继承哥哥的位子,后来我还是当了社长。

我从一般职员到课长、部长,再成为董事的这段时间内,这家公司没有采取任何人才培养措施。仔细想想,我当时只是在讴歌"自我管理",只做到了自己思考、自己行动,从没

---

[1] 盂兰盆节:农历七月十五,是日本人民祭祖的节日。

/ 第八章　信念与信赖 /

有给他人自我思考、行动的机会，完全是以自我为中心的工作模式。

结果，没有培养出人才，与我合不来的人也离开了。

不过讽刺的是，我所不了解的公司技术也好好传承下来了。

我当了社长之后才学到了前面说过的各种道理，也几乎不再插手部下的工作了。

此后，现开发室长 S 在技术方面构筑了高密度线圈的基础，而现管理部部长 U 在会计、财务方面以通常来说完全不够的资金勉强维持了公司运营。在经营方面，现常务董事 A 等人努力开发了新客户，总算使这个公司能够维系、发展下去。这家公司是被身处各个重要岗位的大家努力守护下来的。

我成为社长 10 年后，公司员工的流动性很大，直到我儿子来公司入职，公司才在他与他的伙伴的努力下，在管理和技术方面慢慢有了样子。

还有，经历了之前提到的研讨会之后，我获得了"灵感"，在感到羞耻的同时意识到，我必须与员工好好打交道才行。不应该把员工交给他人，而应该亲自管理，也只能由社长亲自管理。此后，员工录用也成了我的分内之事。这就是我与公司员工关系的历史。

我在待人接物这方面很有自信，但我并不是那种跟谁都能马上交好的自来熟。我认为,要经过时间的考验了解一个人,只要建立起信赖关系就可以进行更加深入的交往。

换而言之,与交情尚浅的人构筑信赖关系我就不太擅长。因此,在像是公司这种由一定数量的人组成的组织中,与每一位员工构筑起信赖关系就更加困难了。

构筑信赖关系

当上会长之后,我无法像社长时期那样跑去生产一线进行在职培训(On the Job Training,OJT),因为在职培训是专属于社长的工作。所以我举办了面向公司员工的学习会,每天30分钟,这就保证了我与员工接触的机会。

当初,我是以进入公司几年的年轻社员为教育对象,现在这里成了新员工培训场。员工培训的核心是"正向思考",当然也涉及包括高密度线圈等业务的未来愿景,涉及每一名公司成员的作用。

这3年来,有10多名优秀的年轻人来我们公司入职,他们之中少则经过3个月的培训,多则经过2年以上的培训,现在都在各自的岗位上努力工作。我想,这些人在10年后恐怕都会成为我们公司的顶梁柱。

我常对员工讲我的梦想。

期待我的梦想也能成为员工的梦想。

我们公司是重视自我管理的公司,这对主观能动性强的人来说就是"天堂"。

比方说,最近我们开始实施"加一计划"。这是一个全员参与的计划:如果有本职工作以外想做的事,那就与3、4个人组成小组,一起决策,一起做。公司会根据基本方针和愿景,决定实施哪些项目,并为每个项目配备管理人员作为观察员和顾问。公司会为这些项目提供专门预算,支持各个小组积极地开展活动。

通过这些,公司中有干劲儿的员工就能不断成长。

我认为,经营者要持有坚定的信念,用人不疑。这样,经营者和员工之间的信赖关系才能慢慢成形。

关于早会

我们公司一直为了避免无效会议而努力。

无论是表彰、升职、加薪有关的董事会议,还是应对重要事项的董事会议或干部会议，我们都在尽可能地控制次数。

我们公司每天早上都会集合高管开早会，会长、社长、董事全员都要参加。会上，参会人员汇报各部门的工作，提出采购、品质、优化等各种问题。而我会将这些写到议事记录里，早会就能代替其他大大小小的各种会议。（当然，如果有其他需要讨论的议题，我们也会在当天另外开会讨论。）

每个月我们会开一次"Step up 会议"，旨在检查各部门、小组当年的年度目标的达成情况，如果有任何问题还会进行变更和修正，力图让每一个部门和小组都完成年度目标。公司高管还会与国际标准化组织（ISO）、环保行动 21[1]（中小微企业版的 ISO）的目标管理进行联动，制成资料分发给各个部门和小组，由全体部门和小组共同管理。所以到了 ISO、环保行动 21 监察活动开始的时候，基本上不用重新再做资料。

在环保行动 21 的节能活动方面，我们非常用心，除了节省水电费之外，还进行了生产优化，减少了不合格废品的产出，甚至还因此获得过表彰。

此外，前面提到的公司全员参与的业务优化项目中的各个小组的研究课题，也会在早会上公布研究进展和结果。

因为我和社长也会参加早会，所以绝大多数问题都能够当

---

[1] 环保行动21是日本环境省规定的环境管理体系方面的第三方认证组织。注册加入并获得该组织认证的企业，可以获得日本地方政府的一些优待。

场解决。

在此之前，我们公司一直是以日本常见的公司组织形式，开展日本公司中常见的会议，但我认为我们中小微企业没必要拘泥于此。

我们应该好好检视自己的公司，想出最高效、最容易上手的制度，并付诸实施。

组织因人而异。

各部部长、课长、系长如果都能发出毫无问题的具体指示，提出合适的参考意见，有一定的人格魅力，那普通的组织架构是完全没问题的。

可是，我们中小微企业中晋升管理层的人往往在人事方面的管理才能并不突出，而是在专业方面的成绩优秀。

对自己的部下实施合适的管理方法，这一点实在是太困难了。实际上，要把社长的意图准确无误地传达给部下并确认其实也不简单。

所以，如果是 40～50 名员工组成的小公司，那还是社长亲自向小组长下达指令并进行工作确认比较快。

在小企业，使用倒金字塔或者扁平式的组织架构，比较容易尽早把握问题要点并作出合适的指示，公司会更容易控制，公司内部的整体感和向心力也会更强。

这么说虽然有点自卖自夸的意思，但我认为早会的方式对我们中小微企业来说确实是最好的会议方式。

请大家一定要试试看。

清晨的扫除、体操、相互问候

3年前，我曾与现在的社长一起去被誉为"好公司"的"寒天爸爸[1]"（伊那食品工业）参加深夜研讨会。我在那里学到了很多，其中，早上公司开始上班前，全员搞10分钟大扫除，再一起做广播体操的制度被我拿回来效仿了。

我们公司，8点钟干部开早会，会议结束之后对庭院进行扫除，8点20分左右普通员工也要加入进来。

我们周围有很多树，春天，满天飘着樱花；秋天，庭院里到处是落叶；春秋两季，大家都要拿着大竹帚与落花、落叶搏斗。

不用清扫落花、落叶的季节，我们会做其他事创造回忆。

有的小组在树林里清理出一块空地作为烧烤场所，有的小组用铁管组成藤架，有的小组在花坛里植入花苗……大家会利用这十几分钟去做自己想做的事。

扫除本身与工作大有关联。

---

1 寒天爸爸：日本琼脂类食品制造厂商的品牌名。

/ 第八章　信念与信赖 /

以前，我曾要求中国来的研修生[1]每天早上搞30分钟卫生。而我在中国设厂的时候，就是通过他们当年打扫卫生的态度决定认命谁为负责人。事实证明，我的判断是正确的。

目前，大连厂区已经培养出了一批早起打扫卫生、工作认真负责的员工。

扫除之后，大家一起做广播体操，回到公司围成一圈，轮流朗读伦理法人会（一个以全日本中小微企业为对象的组织）编撰的《职场的教养》。朗读完自己的部分之后，还要谈一谈自己对这段话的理解。

我会首先赞同他的观点，再补足他没说到位的地方，或者用本公司相关事例进行说明。

每周一的早会都由我当值进行演说。

首先我会大声诵读公司的经营目标——"创造开朗、愉悦、健康，且闪闪发光的职场环境"，然后使用日本创造教育研究所的《理念与经营的教练日历》，对当月的目标、当周的课题进行解说。然后我会翻开SELCO 50周年特制的《SELCO的日历本》，对当天那一页进行解说；对公司的状况（包括销售、

1　研修制度是日本接收外国劳动者的一种制度。根据日本有关外国人研修的法律法规，日本批准一些民间团体（如中外研修生协力机构、一些企业组织等）进行劳动力派遣行为（以研修生的名义，实际为劳务）。中国将研修生的派遣工作纳入外派劳务的范畴，由商务部和对外承包商会对口管理。——译者注

利润情况)、前进的方向等进行演说。

最后,全员一齐诵读公司的经营目标——"大家一起变得幸福吧"。

如果不是在新冠病毒流行时期,我们还会互相握手。以我所作的合唱曲目《联结的心》为背景音乐,轮流握手,直到每一个人都与其他员工握过手为止。

大家可能认为这是非常过时的举动,但对我来说,这是最为重要的事。

公司不只是追求利益的机构。

毫无联系的人在公司相聚,为着同一目标齐心协力地努力。目的就是"大家一起变得幸福吧"。

公司不仅是赚钱谋生的地方,也是让人感到有意义的地方,让人得到成长的地方,与志同道合的伙伴们一起追逐梦想、感受喜悦与悲伤的地方。如果能成为这样的公司,那不是很好吗?

/ 第八章　信念与信赖 /

玻璃式经营与家族经营

我们公司属于玻璃式经营[1]。

在公司业绩低迷的时代，我们公司的业绩从未向一般员工公开过。不过在公司经营安定下来的这五六年，我们的业绩开始向员工完全透明地公示。

所以，理所当然地，业绩好的时候就会发奖金，也会增加涨薪机会。

在我们公司，人力成本不是变动费用（根据生产量变动的经费），而是最低限度的固定费用（一直是必要经费）。

新社长就任的时候也提出"绝不裁员"的宣言，这是我们的家族宣言。所以对于我们公司来说，没有"通过裁员稳定公司"这一选项。

经营者，在任何情况下，都不能让员工流落街头。

话虽如此，我们公司曾几次面临破产的危机。

当时的经验教训成为我们现在经营活动的准则。

"尽可能地立起更多的业绩顶梁柱。"

"麻烦的业务尽量外包，不要过度增加员工的数量。"

---

[1] 玻璃式经营：松下幸之助提倡的公开透明的经营方式。即雇主与员工坦诚相待、互相信任，所有的经营状况，都像玻璃一般透明可见、不加掩饰。

"要通过全自动化,以更少的员工实现更多的业绩。"

无论世界如何变化,我们都会以"高收益小公司"为目标,贯彻家族经营的方针。

SELCO日历

2020年,是SELCO成立50周年。业绩不错的我们本来想搞个华丽的纪念仪式,却因为6月是日本新冠疫情最为严重的时期,在实施了严格的防疫措施的情况下,只邀请了数名客户与全公司员工一起参加一个小小的仪式。

在那时,我想到要梳理一下公司发展史。

不过就算写了份公司历史,也不过是丢到书架里落灰。那要不然写本书呢?但是根本来不及写书。于是,我就制作了"SELCO的日历本"。

里面写满了我作为社长恶战苦斗后的感悟,以及那些支持我熬过来的话语,这家公司的理念、目标,各个部门应为之事,行动规范等。我把想到的话语写在每一页上。

如果逐一介绍就太长了,所以我在这里只介绍其中家族宣言的部分。

第八章　信念与信赖

家族宣言

因为是一家人，所以总要在一起
无论是快乐、苦痛、烦恼、还是欢喜……

因为是一家人，所以总要齐心协力
互相帮助，互相照应，互相砥砺

因为是一家人，所以要交流
深入探讨，诉说疑惑，倾听烦恼
优点、缺点，一个人的一切形成了他自己
所以不要否定，要发挥优点和长处

有时责骂别人，有时被人责骂
虽然有时也会真挚地争吵
但相互之间的牵绊却更加深厚
因为我们是一家人

父亲母亲照顾孩子
哥哥姐姐照顾弟弟妹妹
庆祝生日，庆祝结婚，庆祝新生

如果有人生病或受伤，要时常陪伴身旁
而后孩子也要照顾父亲母亲
因为是一家人，这些都理所应当

我们绝不会让一人落下
因为每一个人都是最最最重要的家人

因为是一家人，父亲赚的钱要给大家花
把钱用在哪可要想好，决不能浪费乱花
为了延长工具的使用寿命，要仔细地对待它

困难的时刻大家共同忍耐
好的年景大家一起将喜悦分享

大家的幸福要靠大家来努力

无论发生什么事，都要把公司的员工当成"家人"来看待，在此基础上寻找处理方法。"这种时候，如果是家人的话应该怎么做""如果是我的弟弟或者妹妹，我会怎么做""如果是我的父亲，我会怎么做""如果是我的女儿，我又当如何"——这样思考，就能找到最佳答案。

| 后 记 |

开始动笔写这本书是在 2021 年 4 月。

最开始的时候很难确定写作主题，书名也改了两三次。

我到底想写什么呢？始终无法定夺。为了取材读了几本书之后，想写的主题也随之发生了变化。

几经迂回，这本书最终确定为"SHIN·日本制造"这一主题，这也是我最想写的一个主题。不过，写作时间拖得越长，内容也就越来越显陈旧。特别是电动汽车、飞行汽车等新的交通工具正在日新月异地发展，每当有相关的新闻发布，我就不得不修改文章，增加内容。

那段时间，日本广播协会（NHK）的《聚焦现代》播放了名为《廉价日本：被世界所购买的日本劳动力》的特辑。迄今为止，日本都被全世界认为是人力成本最高的国家之一，但近 30 年来，日本的工资几乎就没涨过。考虑到日元贬值，对于以新兴国家为先锋进入高速发展期的其他各国而言，日本确实变成了"低成本国家"。

中国的大型家电品牌也开始低价雇佣日本的年轻技术人员，因为在那里"年轻人也可以自由地进行研究"，所以这些技术人员都很满足。

我在这本书中呼吁"今后日本企业的产品制造应该回归日本"的时候，中国的经营者已经来到日本，开始挖掘日本沉睡的宝藏了。最成问题的是，日本厂商却没有意识到在日本进行产品制造的优势。

另一方面，节目还介绍了日本胜利公司（JVCKENWOOD，JVC）以"在日本开发、设计，在海外量产无法培育技术人员"为由，把生产场所从印度尼西亚搬回日本，让年轻技术人员深入产线学习技术的事例。这佐证了我在本书中提到的观点：如果技术人员不了解生产一线，就学不到真正有用的技术，也无法产生新的点子。

此外，还有某家日本服装厂商，九成的商品都在日本生产制造，力图通过高品质的商品再造品牌，为了以质取胜，就算是如今已不受海外重视的细节部分也毫不偷工减料。这家厂商在国外开设日本制造的专卖店后大受欢迎，销售额提高到过去的1.7倍。

已经有企业在实践我在本书中想要传达给大家的观点，这一事实使我感到编写这本书是有意义的。

/ 后记 /

最后，请让我再次整理一下日本的大型企业今后该做之事：

1. 在日本至少保有母工厂；
2. 零部件尽可能地外包给日本的中小微企业制造；
3. 推进包括下包公司在内的自动化生产、机器人生产；
4. 使制造方法、生产品质标准化，然后在有市场的国家进行生产（地产地销）。

而中小微企业则应该：

1. 找到自己公司的"优势"；
2. 打磨自己的优势，使其出类拔萃；
3. 好好宣传自己的优势；
4. 积极地制造和销售能在公司内完成的最终产品；
5. 与大厂商组队，尝试海外销售。

这样，就能诞生"日本制造"。
这就是我通过这本书想传达给大家的。

再说说我们公司的近况。
由于新冠疫情导致的半导体短缺，我们公司的第 52 期业绩也受到了一些影响，有所回落。但由于公司全员的努力，利润比上一年有所增长。此外，本书中提到的一些卓越的厂商也

223

纷纷向我们发来订单。我们公司生产的高密度线圈，终于为大厂商所知晓，成为他们的选择对象之一。我在15年前获得的灵感终于开花结果。

这3年来，我们公司的人才录用以年轻人为主，公司内的项目也走上轨道，各个小组都在为了自己的课题而努力。我想，公司在5年后、10年后一定会更加繁荣。

2022年已经是新冠病毒流行的第3年，现在正是日本第7波疫情到来的时候，不知道疫情会这样蔓延下去，还是会迅速结束。之后会怎么样，完全无法预测。

全球温室效应导致气候异常，我所居住的信州小诸也发生了类似极地闪电的气象，还迎来了史上最大的一场大雨，前所未有的酷暑正在持续。好不容易新冠病毒的流行趋势稍弱，又来了猴痘这种传染病。

无论这个世道变成什么样子，我们都得想办法生存下去。都要维持好自己的人生，自己的公司，并使之向上发展。

现在想来，我的公司很可能因为我的一个念头而走向毁灭。我在本书中提到，我先是意识到社长思维方式的重要性，随后认识到信念与信赖的必要，还从天风哲学中学到了"身为社长的心理建设"。总之就是要积极地思考，并满怀信念去行动，

/ 后记 /

以"信赖"为基础进行经营。对顾客、合作伙伴,对公司员工,要单方面全方位地信任,要营造能够这样互相信任的环境。

即使法律没有明文规定,日本的国民还是会好好戴上口罩,坚持节能,共同努力。

日本的国民在遇到灾害的时候,即便自己情况也很糟糕,但也还是会为他人着想。

希望今后,日本的国民和日本的企业能够好好地按照自己的风格去完成自己的应做之事。这样一来,就能够确立新的日本制造文化:"SHIN·日本制造"。

迄今,我在公司的博客上毫无顾忌地写了很多自己的想法。有很多人非常乐于阅读我的这些文字。一般来说,公司的经营者不会在公司博客上直抒胸臆,但我却耿直地想到什么就写什么。

这次这本书,就我个人而言写得算是委婉客气、深思熟虑了。不过,我本质上还是老样子,恐怕在向大家传达我心中所想时还是有些写得过火,说得过分的地方。所以,看在这是我本性流露的份儿上,还请大家海涵。

人类被赋予了无限的睿智。
人类身上蕴含着无限的可能性。

已经有很多以前想不到的事成为现实，而今后也会有很多现在想不到的事变成现实吧。

然而，人生于自然，所以无法超越自然。

不，应该说人不应试图超越自然。

我希望，我们将那蕴含着无限可能的睿智用于构筑更好的未来。

我们应该将其用于构筑与自然和谐发展的未来。

这样才能实现人类的可持续发展。

最后，衷心地感谢为这本书的出版尽心尽力的 Discover 21 出版社的志摩先生、村尾先生以及其他各位工作人员；感谢为这本书校对的本公司学习会的成员斋藤君、田中君、清水君。

希望这本书能够尽可能地为大家所关注，带给日本的中小微企业以及日本的未来些许影响。

2022 年 8 月　小林延行